氢能产业发展研究

主　编　易杏花　倪　琳
副主编　余尚蔚　郝义国　邓宏兵

图书在版编目(CIP)数据

氢能产业发展研究/易杏花,倪琳主编.—武汉:中国地质大学出版社,2023.12
ISBN 978-7-5625-5734-0

Ⅰ.①氢… Ⅱ.①易… ②倪… Ⅲ.①氢能-产业发展-研究-中国 Ⅳ.①F426.2

中国国家版本馆 CIP 数据核字(2023)第 249078 号

氢能产业发展研究		主编 易杏花 倪 琳	
责任编辑:张玉洁		责任校对:何澍语	
出版发行:中国地质大学出版社(武汉市洪山区鲁磨路388号)		邮政编码:430074	
电 话:(027)67883511	传 真:67883580	E-mail:cbb@cug.edu.cn	
经 销:全国新华书店		https://www.cugp.cug.edu.cn	
开本:787毫米×1092毫米 1/16		字数:245千字	印张:10.5
版次:2023年12月第1版		印次:2023年12月第1次印刷	
印刷:湖北金港彩印有限公司			
ISBN 978-7-5625-5734-0		定价:68.00元	

如有印装质量问题请与印刷厂联系调换

序

当今世界正经历百年未有之大变局，新一轮科技革命和产业变革同我国经济高质量发展需求形成历史性交汇。在这一重要发展机遇期，能源作为人类社会发展和赖以生存的基础，在实现中华民族伟大复兴的进程中发挥着至关重要的作用，对我国经济发展、社会生活、环境保护、国家安全具有重要战略价值和政治意义。党的二十大报告中15次提及"能源"问题，在"推动绿色发展，促进人与自然和谐共生"部分专章部署"碳达峰碳中和"战略行动，旗帜鲜明地提出，"加快推动产业结构、能源结构、交通运输结构等调整优化""推动能源清洁低碳高效利用""深入推进能源革命""加快规划建设新型能源体系"。

氢能是一种来源丰富、绿色低碳、应用广泛的二次能源。近年来，氢能的开发利用技术取得了重大突破，正逐步成为全球能源转型发展的重要载体之一，为实现零排放的能源利用提供重要解决方案，同时也为实现"双碳"目标，深入推进能源生产和消费革命，构建清洁低碳、安全高效的能源体系作出重要贡献。从国际看，全球主要发达国家高度重视氢能产业发展，它已成为加快能源转型升级、培育经济新增长点的重要战略选择。从国内看，目前我国是世界上最大的制氢国，年制氢产量约3300万t，其中，达到工业氢气质量标准的约1200万t，可再生能源装机量全球第一，在清洁低碳的氢能供给上具有巨大潜力。

但总体来看，我国氢能产业仍处于发展初期，相较于国际先进水平，仍存在产业创新能力不强、技术装备水平不高、支撑产业发展的基础性制度滞后、产业发展形态和发展路径尚需进一步探索等问题和挑战，因此深入剖析国外在氢能产业发展中的先进经验和行之有效的举措，结合我国3060目标的具体要求研究氢能产业发展规律，对未来氢能产业发展进行展望具有重要的理论意义和实践意义。

《氢能产业发展研究》是一本能够供氢能发展领域研究工作者参考的工具书,上篇立足国际视野,运用比较研究的方法分析了碳减排和能源危机背景下国际氢能产业的发展;下篇结合我国国情,重点研究了我国氢能产业发展战略选择与支撑体系。该书研究视角独特,研究方法得当,研究数据翔实,描绘了氢能产业发展的全貌,并难能可贵地设计了一条我国氢能产业发展的特色道路,为新时代我国氢能产业发展支撑体系建设提出了科学可行的对策建议。

　　这本书分析了氢能产业发展的现状、问题与趋势,明确了氢能产业发展战略目标、布局与任务,同时在政策与制度、创新与人才、环境与产业等方面提出对策和建议。书中结合国家3060目标,瞄准国际和国家能源战略方向,结合氢能发展理论和技术前沿,开展深入研究,凝练研究成果。

　　感谢编者的辛勤付出,期待继续在相关领域产出高质量的研究成果,为国家能源战略规划和布局、新能源的开发与利用作出贡献。也祝本书读者有所获、有所得!

中国科学院院士
中国地质大学(武汉)校长

目　　录

第一章　绪论 ·· 1
　第一节　研究背景与研究意义 ··· 1
　　一、研究背景 ·· 1
　　二、研究意义 ·· 3
　第二节　文献综述与研究进展 ··· 4
　　一、国外文献综述与研究进展 ·· 4
　　二、国内文献综述与研究进展 ·· 6
　　三、国内外研究评述 ··· 7
　第三节　研究内容与方法 ·· 7
　　一、研究内容 ·· 7
　　二、研究方法 ·· 8
　本章主要参考文献 ·· 8

上篇　碳减排和能源危机背景下国际氢能产业的发展

第二章　碳减排、能源危机与国际氢能产业发展战略决策 ··········· 13
　第一节　碳减排共识与国际能源结构转型 ································· 13
　　一、全球气候变暖与碳减排共识 ·· 13
　　二、国际能源结构转型 ··· 16
　第二节　能源产业历史演进 ·· 19
　　一、能源产业结构变化 ··· 19
　　二、从化石能源到氢能 ··· 20
　　三、从灰氢到蓝氢再到绿氢 ·· 21
　第三节　能源危机与国际氢能产业发展战略决策 ······················· 24
　　一、能源危机及其对能源产业发展的影响 ····························· 24
　　二、国际氢能产业发展战略决策 ·· 25
　本章主要参考文献 ·· 29

第三章 国际氢能产业发展战略与态势 ········ 32

第一节 国际氢能产业发展战略目标 ········ 32
一、美国——积极储备氢能全产业链技术 ········ 32
二、日本——着力构建"氢能社会" ········ 36
三、韩国——打造氢经济、引领创新增长 ········ 39
四、澳大利亚——打造全球氢气供应基地 ········ 41
五、欧盟——能源转型和深度脱碳 ········ 47

第二节 国际氢能产业发展态势 ········ 51
一、美国 ········ 51
二、日本 ········ 59
三、韩国 ········ 65
四、澳大利亚 ········ 70
五、欧盟 ········ 73

本章主要参考文献 ········ 83

第四章 国际氢能产业发展对中国的启示 ········ 85

第一节 氢能制备与储运 ········ 85
一、氢能制备 ········ 85
二、氢能储运 ········ 86

第二节 氢能产业链国际化与应用场景多元化 ········ 87
一、氢能产业链国际化 ········ 87
二、氢能应用场景多元化 ········ 87

第三节 多层次政策支持与氢能技术商业化 ········ 88
一、法律政策 ········ 88
二、财税政策 ········ 91
三、研发投入 ········ 92

第四节 各国家(地区)政企协同与氢能全产业链发展 ········ 95
一、美国 ········ 95
二、日本 ········ 95
三、韩国 ········ 96
四、澳大利亚 ········ 96
五、欧盟 ········ 97

本章主要参考文献 ········ 98

下篇　中国氢能产业发展战略选择与支撑体系

第五章　中国3060目标与能源结构转型 ... 101
第一节　3060目标的内涵和现状特征 ... 101
一、3060目标的内涵和本质 ... 101
二、3060目标的现状特征 ... 104
第二节　能源结构转型的内涵与方向 ... 108
一、能源结构转型的内涵和本质 ... 108
二、能源结构存在的问题 ... 109
三、能源结构转型的方向 ... 112
本章主要参考文献 ... 114

第六章　中国氢能产业发展现状、问题与趋势 ... 116
第一节　中国氢能产业发展现状 ... 116
一、政策支持力度大 ... 116
二、资金支持显著 ... 118
三、产业链初步形成 ... 119
第二节　中国氢能产业面临的问题 ... 122
一、政策与标准体系有待完善 ... 122
二、核心技术尚未自主 ... 123
三、绿氢制备面临经济性欠缺问题 ... 123
四、金融支持有待强化 ... 124
五、基础设施建设存在问题 ... 124
六、应用场景有待拓展 ... 125
第三节　中国氢能产业的发展趋势 ... 125
一、氢能产业技术持续提升 ... 125
二、氢能产业成本不断降低 ... 126
三、氢能产业体系不断完善 ... 126
四、氢能产业政策体制不断健全 ... 126
五、氢能产业龙头引领未来发展格局 ... 126
六、氢能产业应用场景不断扩展 ... 127
本章主要参考文献 ... 127

第七章　中国氢能产业发展战略目标、布局与重点任务　129

第一节　中国氢能产业发展战略目标选择　129
一、国家层面　129
二、区域层面　130

第二节　中国氢能产业发展战略布局　134
一、国家层面　134
二、区域层面　134

第三节　中国氢能产业发展重点任务　139
一、强化关键核心技术攻关　139
二、加强基础设施建设　139
三、拓展多元应用场景　140
四、搭建创新发展平台　142
五、完善检测体系与产业标准　142
六、加强开放协同合作　142

本章主要参考文献　143

第八章　新时代我国氢能产业发展支撑体系建设对策及建议　144

第一节　政策与制度支撑　144
一、完善氢能产业宏观发展规划　145
二、制定地方氢能产业政策体系　145
三、强化财政金融协同支持服务　146
四、健全考核与监督制度　148

第二节　科技创新与人才队伍支撑　148
一、科技创新支撑　149
二、人才队伍支撑　151

第三节　环境保护与产业配套支撑　152
一、环境保护支撑　152
二、产业及配套支撑　154

本章主要参考文献　156

后记　157

第一章

绪论

第一节 研究背景与研究意义

一、研究背景

习近平总书记在党的二十大报告里指出,我们要加快发展方式绿色转型,实施全面节约战略,发展绿色低碳产业,倡导绿色消费,推动形成绿色低碳的生产方式和生活方式;要积极稳妥推进碳达峰碳中和,立足我国能源资源禀赋,坚持先立后破,有计划分步骤实施碳达峰行动,深入推进能源革命,加强煤炭清洁高效利用,加快规划建设新型能源体系,积极参与应对气候变化全球治理。"从现在起,中国共产党的中心任务就是团结带领全国各族人民全面建成社会主义现代化强国、实现第二个百年奋斗目标,以中国式现代化全面推进中华民族伟大复兴。"报告进一步指出,"中国式现代化是人与自然和谐共生的现代化。"能源是人类社会赖以生存和发展的重要物质基础。2023年7月25日至27日,习近平总书记在四川省考察时指出"要科学规划建设新型能源体系,促进水风光氢天然气等多能互补发展"。2023年10月12日,习近平总书记在江西省南昌市主持召开进一步推动长江经济带高质量发展座谈会并发表重要讲话,在谈到能源安全等问题时强调,要"注重水电等优势传统能源与风电、光伏、氢能等新能源的多能互补、深度融合,加快建设新型能源体系,推进源网荷储一体化"。当前,能源问题是国际政治、经济、环保等诸多领域中的一个核心问题与焦点。在全球视角下,各国围绕能源开展了激烈的竞争,能源问题已经不再是一个简单的经济问题,能源贸易中往往含有深刻的政治考量与博弈。能源已成为体现政治和经济实力的硬通货,它是国家发展战略中重要的物质支撑。

当今世界正经历百年未有之大变局,我国发展面临的国内外环境正发生着深刻而复杂的变化。2021年以来的全球性新一轮能源危机深刻表明,能源危机具有"突然性"与"突变性"。能源直接影响生产成本和生活成本,能源价格上涨将增加通货膨胀压力,甚至可能引发滞胀。能源是一国的经济命脉,关系国计民生。能源问题已成为世界核心问题,能源之争已成为世界各国竞争,特别是大国之间竞争的焦点。中国正处在经济高质量发展转型过程中,能源问题对中国具有前所未有的重要意义。实现经济社会发展全面绿色转型,必须致力于能源改革这一关键问题,立足新时代,开启新征程,保障国家能源安全,推动能源产业高质量发展。随着现代化工业进程的加快,化石燃料消耗增加,全球变暖、极端气候等自然灾害频发。如何保护地球环境、应对气候变化,已经成为国际社会共同关注的热点话题。为达成《巴黎协定》所设定的目标,进一步推动全球碳减排,目前,全球多个国家已经设置了自身的碳减排与碳中和目标。中国是能源生产与消费大国,同时也是碳排放大国。2020年,中国与能源相关的二氧化碳排放量为98.99亿t,占世界二氧化碳排放总量的30.66%[1]。以煤炭消费为主导的粗放型生产模式长期支撑着我国不断加快的工业化与城市化进程,但与此同时,生态环境问题也在持续升级。环境污染问题早已成为全球性问题,任何一个国家都应积极参与环境治理。中国是一个负责任的大国,将改善环境作为重要的战略性任务,计划到2030年左右二氧化碳排放达到峰值并争取尽早达峰,并计划2030年碳排放强度比2005年下降60%～65%[2]。在此背景下,世界各国正积极寻求绿色可替代新型能源。氢能作为一种来源丰富、绿色低碳、应用广泛的二次能源,具有热值高、清洁可再生、应用场景广泛等特性,同时具有可储存、零污染、零碳排等优点,被誉为"21世纪的终极能源"。

氢能作为一种替代能源进入人们的视野还要追溯到20世纪70年代。中东战争引发了全球的石油危机,美国为了摆脱对进口石油的依赖,首次提出"氢经济"概念,认为未来氢能源能够取代石油能源,成为支撑全球交通的主要能源。1960—2000年,燃料电池技术获得飞速发展,它在航天航空、发电以及交通领域的应用实践充分证明了将氢能当作二次能源的可行性。日本在发生福岛核电站辐射水泄漏事件后,转身寻求新的可替代能源。2014年,日本在第四个基本能源计划中强调了氢能的重要性;2017年,日本成为首个发布《氢能基本战略》的国家,该战略旨在大力推广氢能应用,打造真正意义上的"氢能社会"。随后,多国先后发布了氢能发展战略路线,主要围绕发电及交通领域推动氢能及燃料电池产业发展。欧盟于2020年发布了《欧盟氢能战略》,旨在推动氢能在工业、交通、发电等全领域的应用;2020年,美国发布《氢能计划发展规划》,制定多项关键技术经济指标,期望成为氢能产业链中的市场领导者。我国在2006年出台的《国家"十一五"科学技术发展规划》中,将氢能与燃料电池技术列入超前部署的前沿技术开展重点研究,以在全球愈发激烈的氢能产业竞争中,做到先布局,抢先卡位。2012年出台的《节能与新能源汽车产业发展规划(2012—2020)》明确提出要积极推进燃料电池汽车与国际同步发展,制定了实现产业化的主要目标;2012年7月发布的《"十二五"国家战略性新兴产业发展规划》将燃料电池汽车纳入国家战略性新兴产业重点发展方向;2015年发布的《中国制造2025》规划继续支持燃料汽车发展,要求提升核心技术的工程化与产业化能力;2016年4月出台的《能源技术革命创新行动计划(2016—2030年)》明确提出把再生能源制氢、氢能与燃料电池技术创新作为重点发展内容;2016年10月发布的《节能与新能源技术汽车路线图》提出了氢燃料电池汽车技术路线图。尽管目前我国氢能产业和发达国家相比仍处于发展的初级阶段,但近年来,我国不断提高对氢能产业的重视程度,将氢能产业发展上升到国家战略。2019年全国两会期间,氢能被首次写入《政府工作报告》,报告中提到要推动充电、加氢等设施建设。2020年6月出台的《2020年能源工作指导意见》提出要制定实施氢能产业发展规划,开展关键技术装备攻关,积极推动应用示范;2020年9月发布的《关于开展燃料电池汽车示范应用的通知》提出采取"以奖代补"方式对示范城市给予奖励,重点围绕关键零部件的技术攻关和产业化应用开展示范;2020年10月出台的《节能与新能源汽车技术路线图2.0》将燃料电池汽车实现商业化应用、氢燃料供给体系建设稳步推进等纳入发展愿景中。2021年10月,中共中央、国务院印发《关于完整准确全面贯彻新发展理念做好碳达峰碳中和工作的意见》,提出要统筹推进氢能"制储输用"全链条发展。2022年3月,国家发展改革委发布《氢能产业发展中长期规划(2021—2035年)》,首次将氢能产业列入国家中长期的能源发展规划并单独出台相关规划文件,将氢能产业定位为国家未来能源体系的重要组成部分,并且将氢能作为实现绿色经济发展、低碳转型的重要载体。它是我国氢能产业发展的首部宏伟蓝图。我国具有良好的制氢基础与大规模的应用市场,氢能产业发展对我国构建清洁低碳、安全高效的现代能源体系及助力我国实现碳达峰、碳中和目标具有重要意义。

二、研究意义

中国是一个"富煤、贫油、少气"的国家,石油是中国能源安全的核心。20世纪90年代以来,中国的石油需求急剧增长,石油对外依存度屡创新高,"以油为天"成为中国面临的严峻事实。2013年,中国成为世界第一大汽油和其他液体燃料进口国。2017年,中国超过美国,成为全球第一大原油进口国。2012年之前,中国的化石能源消费在总能源消费中的占比一直在90%以上;2020年,化石能源消费占比为84.1%,核电、水电、风电等清洁能源消费占比仅为15.9%,中国的清洁能源消费比例远低于发达国家[3]。中国能源资源的短缺,特别是石油的短缺,已经成为严重制约国民经济发展的"瓶颈",能源供需矛盾将长期存在。党的十九大以来,我国经济转向高质量发展阶段,经济新常态下的各项改革相继进入攻坚期和深水区。加强生态文明建设、建立健全绿色低碳循环发展的经济体系是深化改革的重中之重。但生态环境问题归根结底是发展方式和生活方式的问题,发展新能源产业可以从源头上抑制生产生活中的环境破坏,有助于实现经济效益与环境效益的双赢。党的十九大报告明确提出要"以供给侧结构性改革为主线,推动经济发展质量变革、效率变革、动力变革";对于"动力变革"所指的能源领域,也特别强调要壮大清洁能源产业,推进能源生产和消费革命,构建清洁低碳、安全高效的能源体系。由此可见,我国已将发展新能源主导的清洁能源产业放在推动经济高质量发展变革的重要战略位置,这对于我国以习近平新时代中国特色社会主义思想为指导,贯彻落实新发展理念,协调推进"五位一体"总体布局和"四个全面"战略布局,提升生态治理水平与能力都具有重大的战略意义。

当前,氢能产业发展是全世界政府和学术界都十分关心的焦点问题。日本、美国和欧洲等发达国家(地区)都非常重视能源转型问题,出台了多项关于氢能产业发展的政策和战略规划。中国也已将氢能产业列为国家重点战略性新兴产业,明确了氢能在我国能源绿色低碳转型中的战略定位、总体要求和发展目标,从氢能创新体系、场景应用、政策支撑、基础设施、组织协调等几个方面构建了氢能战略发展的蓝图。面对世界氢能产业竞争加剧的现状和各国产业发展政策的变化,中国氢能产业发展政策应该如何制定和实施?在能源危机与碳减排背景下,国际氢能产业的发展动向对中国有何启示与借鉴?中国氢能产业发展如何总体布局?从国际视野出发,深入分析能源危机与碳减排背景下国际氢能产业的发展态势和发展战略,立足于我国氢能产业发展国情,对中国氢能产业发展战略问题进行系统的分析,具有重要的理论和实践价值。

第二节 文献综述与研究进展

一、国外文献综述与研究进展

1. 氢能产业战略与政策研究

国外学者广泛讨论了氢能产业发展的重要性及发展方向问题。Larson等对中国能源政策、战略进行了评价,认为未来十五年中国要保持经济社会持续发展,必须重视能源安全和环境保护问题[4]。Farrell等指出,推广氢经济有利于提高公共福利水平,但这需要完全不同的市场导向或新的公共政策,比如强制性的行政命令或实质性的经济激励政策,因而有必要深入研究氢经济战略和政策体系[5]。Solomon等分析了早期的全球氢能研发趋势及公共政策状况,认为在真正的氢能革命发生之前,世界各国还有很长的路要走[6]。Ruijven等指出,发展氢能已成为许多发达经济体促进能源结构绿色转型的重要途径;目前世界氢能产业发展如火如荼,世界各国依据自身的特点与需要逐渐形成了自己的发展特色[7]。Edwards等也分析了早期美国、日本、加拿大和欧盟的氢经济路线,认为与能源行业的任何重大变化一样,各个国家向以氢能源为主的经济发展模式过渡将需要几十年的时间,而建立一条通往氢经济的单一道路,不仅相当困难,而且受到诸多限制,各国应该着眼于通过系统方法建立氢战略框架[8]。Lee等对中国台湾2004—2030年的石油经济和氢经济进行了分析及经济基线预测,认为从石油经济向氢经济的过渡需要强有力的政府支持和重大的技术进步[9]。Yang等对美国能源产业进行了分析,指出了氢能产业当前面临的安全性问题和相关的技术难题,认为各国在实际的氢能产业发展中将面对不同的困境,需要各个国家共同开发,克服诸多技术和经济困难[10]。Moliner 等对欧盟氢经济路线与氢生产、运输和使用环节的发展现状进行了详细比较,认为欧盟氢经济的发展现状与路线图愿景相比还存在差距,其原因是金融危机导致政府支出大幅减少,未来氢能产业将在能源战略中发挥重要作用,但不是占主导地位,而是与其他能源产业竞争并互补,因此战略规划应考虑多种能源的协同发展[11]。Behling 等分析了日本如何制定政策和法律框架来促进燃料电池和氢能发展,并将日本的战略政策与美国、欧盟进行比较,评估"氢社会"政策的影响,提出日本应扩大关键能源技术研发,建立智能社区与"氢社会"一体化政策体系[12]。Kova 等评述了发达国家和新兴国家的氢能战略,认为到 2030 年,即使各国战略只实现 1/4,对全球能源转型的影响也是巨大的,氢能将成为未来绿色能源社会重要的组成部分[13]。Milciuviene 等认为氢能技术可以在解决能源部门相关问题方面发挥重要作用;各国可通过成立国际集团的方式制定全球的氢经济发展战略;尽管开展了跨国合作,但由于限制因素不同,各国氢能技术的发展战略差异将会逐渐扩大[14]。

2. 氢能产业技术推广与应用场景研究

Midilli 等研究了氢能技术和系统的关键作用、氢能的能源战略,强调了氢能在可持续能源系统中的重要性[15]。Chen 等提出了技术"S"曲线,将文献计量和专利分析整合到氢能与燃料电池技术的逻辑增长曲线模型中,认为产生和储存氢气的技术尚未成熟[16]。Ma 等用市场模拟的方法对欧盟的氢能技术进行了考察,认为政府投入将有助于氢能技术的快速发展[17]。Boudries 评估了氢能在交通部门应用中的比较经济竞争力[18]。Maniatopoulos 等研究发现,通过将氢和电池储能技术结合,开发新能源汽车,完全取代燃油汽车,可以极大地减少碳排放[19]。Felseghi 等回顾了氢能的具体特性,建议将它作为一种清洁能源,为固定应用提供动力,并通过 SWOT 分析,认为氢经济的实施取决于以下主要因素——立法框架、能源决策者、最终受益人的信息和利益、潜在投资者以及该领域专家的存在[20]。Abad 等在探讨绿氢的定义和特征的基础上,强调了制定标准和发展绿氢市场的重要性[21]。Noussan 等分析了绿氢和蓝氢的发展状况,发现低碳氢经济不仅可以应对气候变化,也为许多国家加强能源安全和发展地方工业提供了机会。为了应对向零碳能源系统过渡的巨大挑战,需要根据现有技术的衡量指标在制定公开透明的标准与目标基础上达成国际共识[22]。Koneczna 等研究发现,完成碳减排的任务,需要彻底改造支撑我们经济运行的能源系统,而氢能的存储介质具有灵活性,可以作为最佳的替代能源[23]。Ahmad 等分析了在马来西亚从化石燃料向可再生能源过渡的过程中,该国各能源部门面临的重大挑战和机遇,尽管政府给予了极大支持,但由于技术阻碍,氢能技术的发展仍远未达到其目标[24]。Sadik-Zada 详细阐述了绿氢在气候中性经济转型中的作用,认为可再生能源使用比例较高的国家由于具有先进的天然气管道基础设施、先进的技术和较高的经济发展水平,因而相比其他国家在氢经济发展上更具有比较优势[25]。Gawlik 等指出,氢能技术的发展和可持续氢能系统的建立为解决全球能源行业所面临的桎梏提供了一个解决对策[26]。

二、国内文献综述与研究进展

1. 氢能产业现状、结构及发展前景研究

刘山以能源安全为中心,指出能源问题是国际政治的一个焦点,以氢能为主的新能源是解决该问题的关键[27]。张志强等通过对比国内外氢经济发展,分析了我国氢经济的前景,对我国发展氢经济提出了对策建议[28]。钱伯章认为,中国要加速发展替代能源,以实现人类社会的可持续发展[29]。陈晖归纳了新能源产业相关技术及其未来发展方向,分析了新能源发电价格与成本的变动情况,探讨了这一产业未来的发展前景[30]。何莽指出,发展新能源必须提高新能源基本知识和技术的普及程度,培养新能源行业复合型人才[31]。史丹等建议中国调整新能源对外贸易与投资政策的思路,强化对新能源技术研发环节的政策支持,提高新能源企业的自主创新能力[32]。潘颖等以我国氢能产业的发展为研究对象,采用Logistic生长曲线模型和战略矩阵方法,从氢的制备、储运等方面对相关专利进行了预测分析,并提出战略措施[33]。赵永志等认为,清洁能源的利用是目前推动氢能发展的主要动力,氢能载体的利用有助于可再生能源和氢能的协同发展,而氢的制备和储运技术、氢燃料电池技术是制约氢能发展的关键因素[34]。游双矫等通过对比氢能先发国家的产业政策,建议我国对氢能全产业链进行补贴[35]。罗佐县等认为,在氢能产业发展过渡时期,要重视蓝氢与绿氢供应协同,建立蓝、绿结合的发展模式,进一步完善氢能产业相关技术标准和检测体系[36]。

2. 氢能产业链及氢能应用研究

顾钢探讨了我国节能型和氢动力型汽车的发展模式[37]。冯文等认为,氢能汽车产业的发展离不开政府的支持,政府政策的激励对氢能汽车产业的发展起着关键作用[38]。周立迎针对当前氢能在汽车行业应用的制约因素,并结合各国汽车行业氢能研究与应用的进展,探讨了加快氢能产业发展的战略[39]。马云泽等认为,氢能产业发展主要依靠市场行为,这样才能够给企业发展带来活力[40]。吴淑凤认为,氢能产业发展需要政策在不同时段持续支持[41]。黄宣旭等认为,氢能作为战略能源将会重构社会的能源结构,并影响未来社会能源总成本[42]。

3. 氢能产业战略演进与氢经济发展研究

部分学者通过跟踪国外氢经济战略发展规划对中国氢经济发展进行了探索[43,44]。伊文婧等指出,大力发展氢能产业,应该加强顶层设计,加大研发投入,鼓励各类资本投入氢能产业,加快建设加氢站等基础设施,创建氢能融入能源系统的示范试点[45]。凌文等分析了中国氢能基础设施(以加氢站为主)的发展现况与趋势和氢能基础设施产业发展存在的困难与挑战,提出了我国氢能基础设施产业发展的总体目标及发展路径[46]。吴善略等分析了美国、加拿大、日本、韩国、巴西、冰岛、挪威等国家氢经济发展的现状[47]。陆颖分

析了美国氢经济路线图[48]。孙程评述了德国氢能发展战略[49]。一些学者在介绍国外氢能发展战略的基础上,进一步分析了其影响,如毕珍珍分析了日本《氢能基本战略》对提升日本参与全球气候治理能力和国际环境外交影响力的战略意义[50]。蒋东方等探讨了我国氢能在未来综合能源系统中的各种应用途径及未来关键技术节点,提出需要从国家战略、核心技术研发等方面加大支持力度,推动氢能产业实现跨越式发展[51]。陈洪波等认为,我国在氢能产业发展方面与发达国家相比存在较大差距,建议我国加快制定氢经济发展国家战略,加强氢经济基础科学和关键技术研究,构建完善的氢产业链,建立精准有效的氢能产业发展政策体系和具有全球竞争力的氢经济体系[52]。陈秋阳等将日本、美国、欧盟的氢能政策与中国的氢能政策进行了对比分析[53]。

三、国内外研究评述

通过文献梳理可知:一是目前国内外有关氢能的文献多是探讨氢能产业的发展战略与政策演变。文献多是从理论角度,综合分析国内外氢能战略的技术路线与战略规划的异同,同时对氢能政策给出建议。二是文献多是从宏观能源战略角度思考氢能产业发展。当前多数文献从低碳角度切入,引出对氢能等清洁能源的应用分析,同时对氢能政策的应用效果进行了评价。三是有关氢能产业发展规划的文献主要集中在现状分析及应用场景方面的研究。相关文献多是从应用场景端及技术推广的角度阐述氢能产业发展的前景与重要性,同时通过对比发达国家产业政策,对我国氢能产业下游产业链的发展提出建议,较少从整个产业链角度进一步剖析氢能产业上、中、下游协同发展的机理与方式。四是缺乏对我国氢能产业的全面整体研究,较少有针对性地从氢能产业出发,系统分析我国氢能产业发展布局与战略问题。同时对氢能产业政策实施现状及发展态势缺乏系统的梳理研究,缺乏相关的实际案例分析。因此,本书基于能源危机与碳排放背景,系统梳理国家宏观能源战略,深入探讨了国家与企业层面的氢能产业战略,并对实际案例进行深入分析,提出针对性的政策建议与路径。

第三节 研究内容与方法

一、研究内容

(1)在阐述研究背景与意义的基础上,通过对文献资料的梳理把握国内外氢能产业研究进展和趋势。

(2)分析碳减排和能源危机背景下国际氢能产业发展问题。从碳减排共识与国际能源结构转型、能源产业历史演进、能源危机与国际氢能产业发展战略决策三个视角研究国际氢能产业发展趋势;比较分析美国、日本、韩国、澳大利亚、欧盟等国家或经济体氢能产业发展战略与态势,并探讨国际氢能产业发展对中国的启示。

(3) 研究中国氢能产业发展战略选择与支撑体系。分析中国 3060 目标与能源结构转型对新能源产业发展的要求,以及中国氢能产业发展的现状、问题与趋势;探讨中国氢能产业发展战略目标、布局与重点任务等重大问题,提出中国氢能产业发展支撑体系建设的对策建议。

二、研究方法

1. 文献梳理法

搜集国内外相关文献资料、政策文件,梳理并掌握国内外氢能产业研究现状,厘清氢能产业发展的逻辑框架。收集整理分析国家及相关省、自治区、直辖市氢能产业发展政策与案例,比较国内外氢能产业发展战略规划与实践,探讨氢能产业发展路径。

2. 实地调研与案例分析法

选取具有代表性的氢能企业进行调研,通过对调研资料的分析和归纳整理,剖析氢能产业发展的重点与难点,分析进一步完善氢能产业发展的政策体系与路径。将调研数据及信息作为研究基础,从案例分析入手,对国内外具有典型性的氢能企业与具有发展借鉴意义的氢能产业发展示范区进行分析。

3. 规范分析与经验分析法

利用规范分析方法,对国内外氢能产业发展的一般规律、特征及战略演进进行总结提炼。根据中国能源历史数据及统计资料,通过经验分析的方法,深入分析中国氢能产业发展的市场现状、技术研发路径、支撑体系的作用及战略布局。

4. 比较分析法

通过对比国内外氢能产业发展现状和模式,总结国内外氢能产业在战略布局与产业发展态势上的异同,提炼氢能产业发展的一般规律及特征。

本章主要参考文献

[1] 潘小海,伍勇旭,李东.双碳发展对我国的影响及应对策略[J].技术经济,2021,40(9):172-180.
[2] 王勇,程瑜,杨光春,等.2020 和 2030 年碳强度目标约束下中国碳排放权的省区分解[J].中国环境科学,2018,38(8):3180-3188.
[3] 张焱.中国绿色能源产业发展研究:基于企业、民众和宏观三个层面的实证分析[D].成都:西南财经大学,2020.

[4] LARSON E D, WU Z X, DELAQUIL P, et al. Future implications of China's energy-technology choices[J]. Energy Policy, 2003, 31(12):1189-1204.

[5] FARRELL A E, KEITH D W, CORBETT J J. A strategy for introducing hydrogen into transportation[J]. Energy Policy, 2003, 31(13):1357-1367.

[6] SOLOMON B D, BANERJEE A. A global survey of hydrogen energy research, development and policy[J]. Energy Policy, 2006, 34(7):781-792.

[7] RUIJVEN B V, VUUREN D P V, VRIES B D. The potential role of hydrogen in energy systems with and without climate policy[J]. International Journal of Hydrogen Energy, 2007, 32(12):1655-1672.

[8] EDWARDS P P, KUZNETSOV V L, DAVID W I F, et al. Hydrogen and fuel cells: Towards a sustainable energy future[J]. Energy Policy, 2008, 36(12):4356-4362.

[9] LEE D H, HSU S S, TSO C I, et al. An economy-wide analysis of hydrogen economy in Taiwan[J]. Renewable Energy, 2009, 34(8):1947-1954.

[10] YANG Y, LIU G, IRVINE J I S, et al. Enhanced photocatalytic H_2 production in core-shell engineered rutile TiO_2[J]. Advanced Materials, 2016, 28(28):5850-5856.

[11] MOLINER R, LAZARO M J, SUELVES I. Analysis of the strategies for bridging the gap towards the hydrogen economy[J]. International Journal of Hydrogen Energy, 2016, 41(43):19500-19508.

[12] BEHLING N, WILLIAMS M C, MANAGI S. Fuel cells and the hydrogen revolution: Analysis of a strategic plan in Japan[J]. Economic Analysis and Policy, 2015, 48:204-221.

[13] KOVA A, PARANOS M, MARCIU D. Hydrogen in energy transition: A review[J]. International Journal of Hydrogen Energy, 2021, 46(16):10016-10035.

[14] MILCIUVIENE S, MILCIUS D, PRANEVICIENE B. Towards hydrogen economy in Lithuania[J]. International Journal of Hydrogen Energy, 2006, 31(7):861-866.

[15] MIDILLI A, AY M, DINCER I, et al. On hydrogen and hydrogen energy strategies: I: current status and needs[J]. Renewable and Sustainable Energy Reviews, 2005, 9(3):255-271.

[16] CHEN Y H, CHEN C Y, LEE S C. Technology forecasting and patent strategy of hydrogen energy and fuel cell technologies[J]. International Journal of Hydrogen Energy, 2011, 36(12):6957-6969.

[17] MA S H, WANG X J, HAN X J. Hydorgen peroxide biosensor based on direct electrochemistry of hemin in egg-phosphatidylcholine films[J]. Chinese Journal of Analytical Chemistry, 2013, 41(11):1719-1723.

[18] BOUDRIES R. Comparative economic competitiveness assessment of hydrogen as a fuel in the transport sector in Algeria[J]. Chemical Engineering Transactions, 2014, 39(27):15215-15223.

[19] MANIATOPOULOS P, ANDREWS J, SHABANI B. Towards a sustainable strategy for road transportation in Australia: The potential contribution of hydrogen[J]. Renewable and Sustainable Energy Reviews, 2015, 52:24-34.

[20] FELSEGHI R A, CARCADEA E, RABOACA M S, et al. Hydrogen fuel cell technology for the sustainable future of stationary applications[J]. Energies, 2019, 12(23):1-28.

[21] ABAD A V, DODDS P E. Green hydrogen characterisation initiatives: Definitions, standards, guarantees of origin, and challenges[J]. Energy Policy, 2020, 138:111300.

[22] NOUSSAN M, RAIMONDI P P, SCITA R, et al. The role of green and blue hydrogen in the energy transition: A technological and geopolitical perspective[J]. Sustainability, 2020, 13(1):1-26.

[23] KONECZNA R, CADER J. Hydrogen in the strategies of the European Union member states[J]. Mineral Resources Managment, 2021, 37(3):53-73.

[24] AHMAD M S,ALI M S,RAHIM N A.Hydrogen energy vision 2060:Hydrogen as energy carrier in Malaysian primary energy mix developing P2G case[J].Energy Strategy Reviews,2021,35:100632.

[25] SADIK-ZADA E R.Political economy of green hydrogen rollout:A global perspective[J]. Sustainability,2021,13:13464.

[26] GAWLIK L,MOKRZYCKI E.Analysis of the polish hydrogen strategy in the context of the EU's strategic documents on hydrogen[J].Energies,2021,14(19):6382.

[27] 刘山.我国的能源结构调整与能源安全[J].国际技术经济研究,2002,5(2):1-7.

[28] 张志强,郑军卫.国际氢经济竞争发展态势及我国的对策[J].中国科学院院刊,2006,12(5):418-422.

[29] 钱伯章.新能源:后石油时代的必然选择[M].北京:化学工业出版社,2007.

[30] 陈晖.世界新能源与节能产业发展概况[J].上海电力,2007,20(5):455-458.

[31] 何莽.新能源经济现状及发展障碍分析[J].商场现代化,2009(2):264.

[32] 史丹,杨丹辉.我国新能源产业国际分工中的地位及提升对策[J].中外能源,2012,17(8):27-35.

[33] 潘颖,卢章平.国内氢能源专利技术发展战略研究[J].情报杂志,2012,31(6):30-34.

[34] 赵永志,蒙波,陈霖新,等.氢能源的利用现状分析[J].化工进展,2015,34(9):3248-3255.

[35] 游双矫,张震,周颖,等.氢能先发国家的产业政策及启示[J].石油科技论坛,2019,38(5):57-66.

[36] 罗佐县,曹勇.氢能产业发展前景及其在中国的发展路径研究[J].中外能源,2020,25(2):9-15.

[37] 顾钢.国外氢能技术路线图及对我国的启示[J].国际技术经济研究,2004,7(4):34-37+6.

[38] 冯文,王淑娟,倪维斗,等.燃料电池汽车氢能系统的环境、经济和能源评价[J].太阳能学报,2003,24(3):394-400.

[39] 周立迎.氢能源在汽车行业中的应用及进展[J].移动电源与车辆,2006(2):35-39.

[40] 马云泽,张倩.新能源产业发展的动力机制研究[J].南通大学学报(社会科学版),2011,27(3):112-115.

[41] 吴淑凤.新能源产业政策效果差异化的财政社会学分析:基于财政补贴的国际循环[J].社会科学,2015(4):61-73.

[42] 黄宣旭,练继建,沈威,等.中国规模化氢能供应链的经济性分析[J].南方能源建设,2020,7(2):1-13.

[43] 高慧,杨艳,赵旭,等.国内外氢能产业发展现状与思考[J].国际石油经济,2019,27(4):9-17.

[44] 顾阿伦,孟翔宇,刘滨,等.氢能在日本能源发展战略中的地位与作用[J].中国经贸导刊,2019(17):35-37.

[45] 伊文婧,梁琦,裴庆冰.氢能促进我国能源系统清洁低碳转型的应用及进展[J].环境保护,2018(2):30-34.

[46] 凌文,刘玮,李育磊,等.中国氢能基础设施产业发展战略研究[J].中国工程科学,2019,21(3):76-83.

[47] 吴善略,张丽娟.世界主要国家氢能发展规划综述[J].科技中国,2019(7):91-97.

[48] 陆颖.美国产业界发布氢能经济路线图[J].科技中国,2020(11):100-102.

[49] 孙程.德国氢能源发展战略及其借鉴[J].生态经济,2020,36(8):1-4.

[50] 毕珍珍.日本的"氢能源基本战略"与全球气候治理[J].国际论坛,2019,21(2):140-154+160.

[51] 蒋东方,贾跃龙,鲁强,等.氢能在综合能源系统中的应用前景[J].中国电力,2020,53(5):135-142.

[52] 陈洪波,王新春.氢产业发展战略的国际比较及政策建议[J].企业经济,2021,40(12):126-134.

[53] 陈秋阳,陈云伟.国际氢能发展战略比较分析[J].科学观察,2022,17(2):1-12.

上篇
碳减排和能源危机背景下国际氢能产业的发展

2022年6月开始的罕见高温天气持续时间之长、覆盖地区之广、酷热程度之深、气象纪录被打破之频繁给全球带来了不可避免的气象灾害,也令全球气候变暖的共识更加统一。在俄乌冲突依旧持续、能源与粮食危机日益突出的背景下,同时满足零排放和高效率的终极能源——氢能再次成为热点。分析国际氢能产业发展的根源,梳理各国氢能产业发展战略与现状,从各具特色的国际氢能产业政策中探寻共性规律,将对我国氢能产业的健康发展大有裨益。

第二章

碳减排、能源危机与国际氢能产业发展战略决策

第一节　碳减排共识与国际能源结构转型

一、全球气候变暖与碳减排共识

1. 全球气温上升与气候变暖

世界气象组织（World Meteorological Organization，WMO）发布的《2021年全球气候状况》报告显示，1880年至今，全球平均气温处于上升趋势（图2-1）。联合国政府间气候变化专门委员会（Intergovernmental Panel on Climate Change，IPCC）2013年的第五次评估报告显示，自1880年至2012年，全球平均气温上升0.85 ℃；2018年10月，IPCC发布的《全球1.5 ℃增暖特别报告》指出，如果气候变暖以目前的速度持续下去，预计全球气温增幅最早可能会在2025年达到1.5 ℃。IPCC同时认为，气候变化的主要原因是人类活动。1880年以前，地球上一些显著的气温变化主要由地球本身的气候系统调节；1880年之后，全球气候变暖主要与温室效应，也就是大气中二氧化碳的浓度有关[1]。

温室效应会对气候系统造成巨大影响。全球气温上升、气候变暖会导致冰川融化、海平面上升等一系列极端气候事件，甚至威胁人类生命安全。北极夏季海冰快速消融，1997—2014年北极9月海冰范围每年平均缩小了1.3×10^5 km^2，约是1979—1996年的4倍；海冰厚度也大幅减小，1975—2012年北极中心地区冰厚减小了65%[2]。

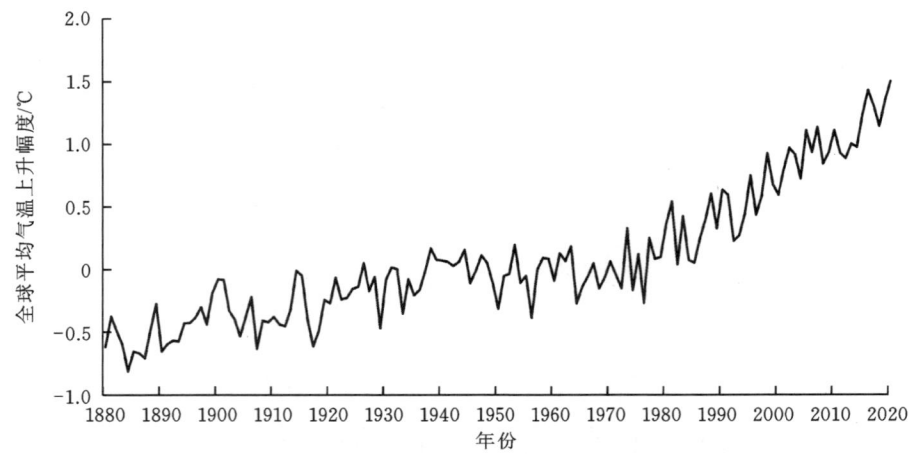

图 2-1　1880 年以来全球气候变化趋势图

数据来源：伯克利地球气候数据库（Berkeley Earth）。

除此之外，温室效应还对生态系统、社会与经济产生影响。在生态系统上，全球变暖导致许多生物群落栖息地和分布范围发生变化，严重时可能导致物种灭绝和生态系统失衡。全球变暖同时也可能导致一系列社会问题，如食品安全问题、水资源短缺和环境移民等，进而影响全球社会和政治的稳定性。全球变暖可能对全球经济产生广泛而深远的影响，如自然灾害风险增加、能源生产和消费模式转变等，这些变化的累加可能导致经济增长的阻滞和贫困问题的加剧。

从温室效应的源头看，含碳化石燃料燃烧排放的二氧化碳是主要的温室气体源。煤炭、石油等化石燃料作为当前能源消费的主体，大量燃烧会产生大量二氧化碳；随着工业化不断发展，工业排出的废气导致大气中二氧化碳含量越来越高，从而进一步影响全球气温，导致气候变暖。

2. 碳减排共识

全球气温上升、气候变暖将对地球和人类产生严重的消极影响。相关研究表明，全球气温升高、气候变暖已无法通过地球原本的气候系统调节。为遏制和减缓这一趋势，减少温室气体排放、降低对化石燃料的依赖，尽可能地开发使用生产制造过程中不发生碳、氮、硫元素迁移的清洁能源成为各国共识，各国政府纷纷确立自己的碳减排目标，通过发展新的清洁能源进行能源结构转型，从而实现脱碳目标[3]。

1992 年 6 月，在里约热内卢召开的联合国环境与发展大会通过了《联合国气候变化框架公约》，之后工业化国家明确提出并实施可持续发展能源战略[4]。1997 年，《〈联合国气候变化框架公约〉京都议定书》规定了各国减排义务，并对发达国家减排目标提出明确规定。此后，各国经过多轮谈判，从 2007 年的"巴厘路线图"，到 2009 年的《哥本哈根协议》，再到 2010 年的《坎昆协议》，以及 2011 年的德班授权，分歧慢慢消除，气候治理的全球共识慢慢形成。2015年,《巴黎协定》明确了2020年以后的国际气候治理格局,对全球碳减排任务提出新目标,其核心目标是将全球温度升幅控制在1.5 ℃以内。2021年,《格拉斯哥气候协议》对《巴黎协定》中的实施细则进行了进一步细化[5]。

为达成碳减排目标,美国、日本、德国、澳大利亚、中国等主要国家先后制定和出台了清洁能源产业规划与氢能产业政策。美国主要通过税收、利息等政策工具鼓励清洁能源生产与消费,政府颁布了多条能源法案以扶持清洁能源开发利用[6]。日本通过设立专门机构促进清洁能源技术研发、推广和应用,同时全面推行清洁能源宣传和教育[7]。德国出台《波恩政治宣言》,推动清洁能源的国际合作[8]。澳大利亚通过实施碳税减少污染物排放[9]。中国通过制定一系列政策大力发展清洁能源,实现超越式发展,目前已成为全球清洁能源利用最多的国家[10]。

为了应对气候变暖趋势,国际上形成了一系列公约和协定,各主要国家和经济体大力发展新能源,这对工业领域的最终使用碳强度(end-use carbon intesity,单位为gCO_2/MJ,即每兆焦耳嵌入能源的克二氧化碳,下文简称碳强度)产生了积极影响。图2-2展示了1990—2019年全球工业碳强度的变化趋势。总体看,近20年年均增长率为-0.09%,主要发达国家和经济体工业碳强度呈现下降趋势;从时间节点看,1997—1999年和2015—2017年两个时间段工业碳强度下降幅度最大,年均增长率均为-2%。这在一定程度上验证了国际减排合作协议对实体经济碳减排的积极作用。

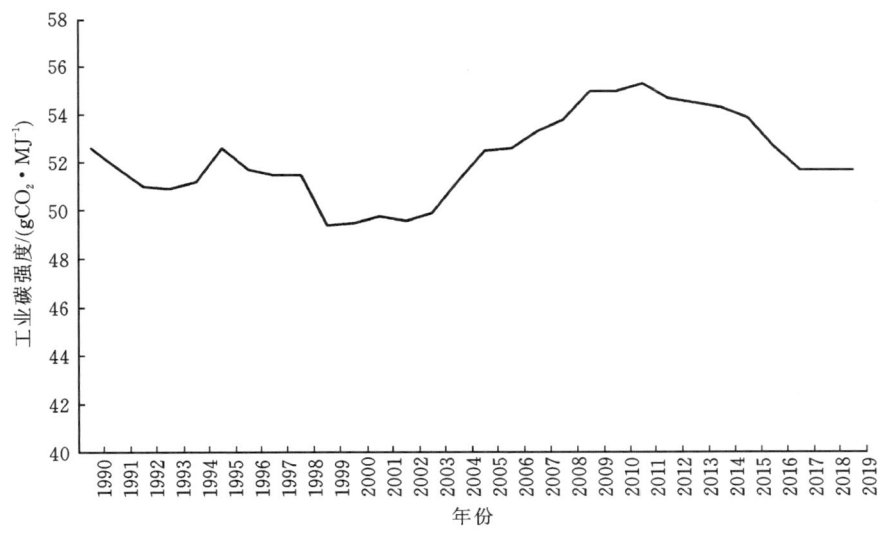

图2-2 1990—2019年全球工业碳强度变化

数据来源:国际能源署(International Energy Agency,IEA)数据库。

道路交通碳强度变化数据也佐证了这一积极效果。1990—2019年全球道路交通碳强度年均增长率-0.2%,总体呈现下降趋势(图2-3)。尤其是从2004年开始,道路交通碳强度进入明显的持续下降通道,这在很大程度上归因于各国大力推动新能源产业发展,新能源交通工具的推广使用助推了道路交通碳强度的下降。

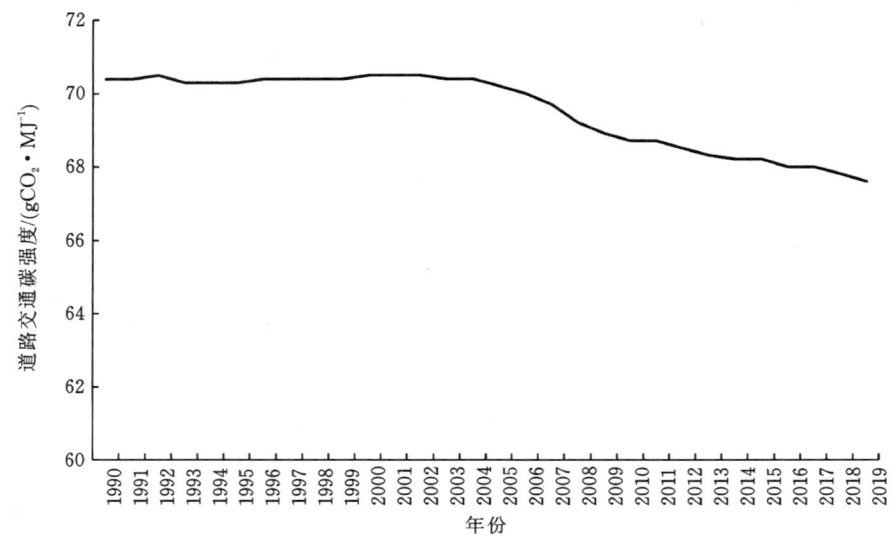

图 2-3　1990—2019 年全球道路交通碳强度变化

数据来源:IEA 数据库。

二、国际能源结构转型

1. 能源供给结构

自 1990 年以来,世界能源供给量处于上升趋势。现根据国际能源署发布的数据绘制了世界能源总供给曲线(图 2-4)。该曲线展示了石油、煤炭、天然气、生物质能、核能、氢能、风能及其他的供给量变化情况,其中石油供给量最大,风能及其他供给量最小(图 2-4)。

图 2-5 显示,与 1990 年相比,2019 年煤炭、核能、生物质能在总能源供给量中的占比没有发生明显变化,石油占比从 37％下降到 31％,天然气从 20％上升到 23％。

对图 2-4、图 2-5 中的数据进行分析,可以预料到未来能源体系主体要素将发生根本性转变,煤炭、石油等化石燃料能源消费占比将逐步下降,氢能、风能、太阳能、生物质能等清洁能源消费占比则将进一步上升;能源形态从化石能源转变为新能源,实现从高碳到低碳、从有碳到无碳的转变;能源结构从以一次能源直接消费为主转变为电气化二次能源消费占主导地位;能源管理从集中式利用发展为智能化平衡用能,最终目标为清洁、无碳、智能、高效。

2. 能源应用结构

世界能源终端消费分为工业用能、交通用能、居民生活用能、商业和公共设施用能、农

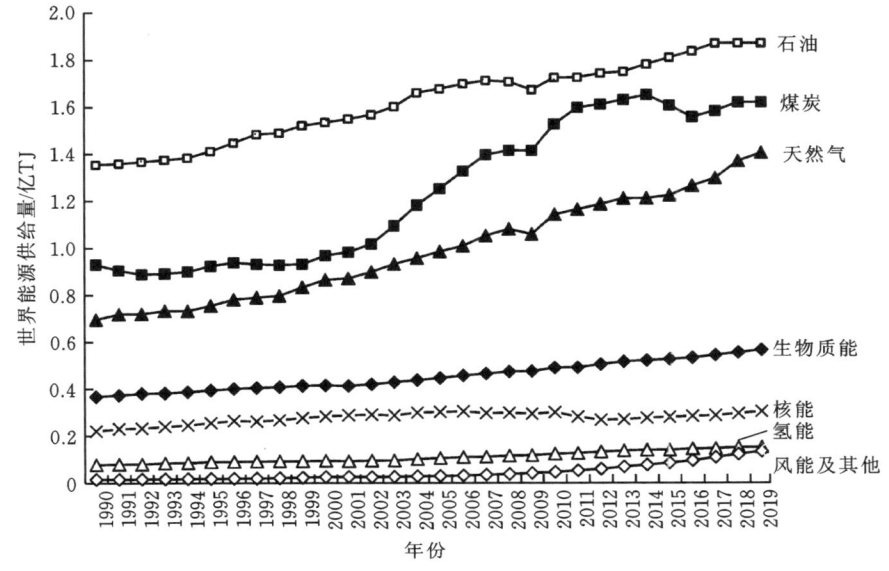

图 2-4　世界能源总供给曲线

数据来源：IEA 数据库。

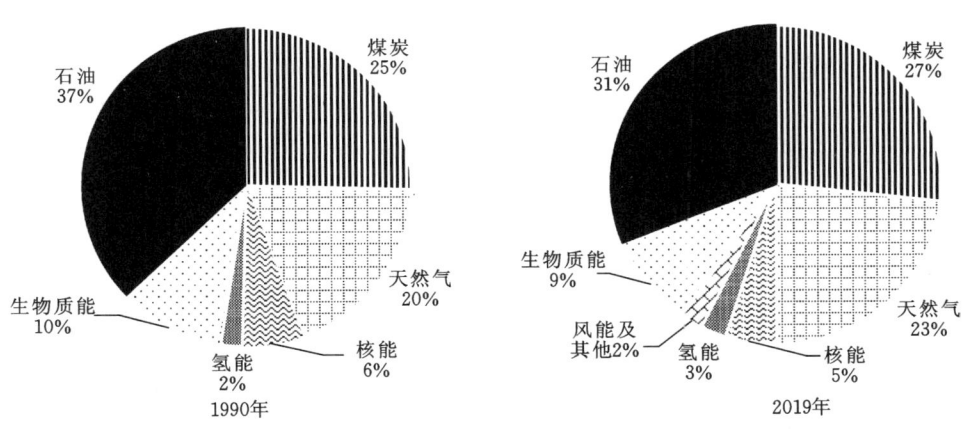

图 2-5　1990 年和 2019 年世界能源供给占比

数据来源：IEA 数据库。

业用能和其他。随着世界经济的发展，国际能源供给量不断上升，用于各终端领域消费的能源也相应增加。国际能源署（IEA）发布的数据显示，世界能源消费量从 1990 年的 2.6 亿 TJ 上升到 2019 年的 4.2 亿 TJ，约上涨 61.5%（图 2-6）。

从终端能源消费情况看，1990 年和 2019 年用于居民生活和交通的能源发生了明显变化，居民生活用能减少 3%，交通用能增加 4%；1990 年终端能源消费占比最大的是工业用能，2019 年交通用能和工业用能占比相同、并列最大（图 2-7）。其原因在于，各国大

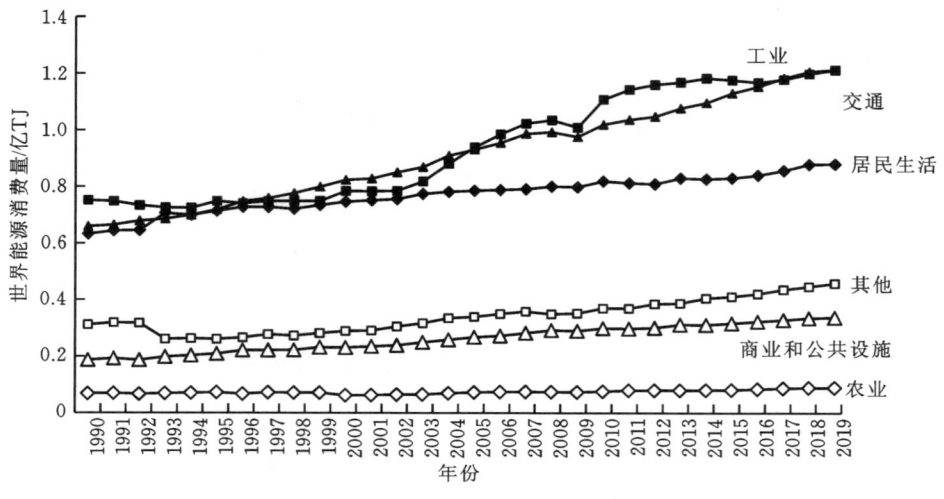

图 2-6 世界能源应用结构与趋势

数据来源:IEA 数据库。

力发展汽车产业,美国、加拿大、英国、澳大利亚、日本、韩国等主要发达国家进入汽车社会后,中国于 2009 年成为全球最大的汽车生产国和最大的新车消费市场,其他新兴经济体也逐渐加入汽车社会,居民汽车保有量持续上升,交通用能需求大大提升。在能源供应量持续增加的大趋势下,居民生活用能增长率并没有跟上总能源消费增长率,而用于交通的能源增长率大大超过了能源总消费增长率。因此,要顺利实现碳减排目标,必须重视交通用能问题,在工业部门进行能源结构转型的同时,交通部门的用能也须同步转向清洁、高效能源。

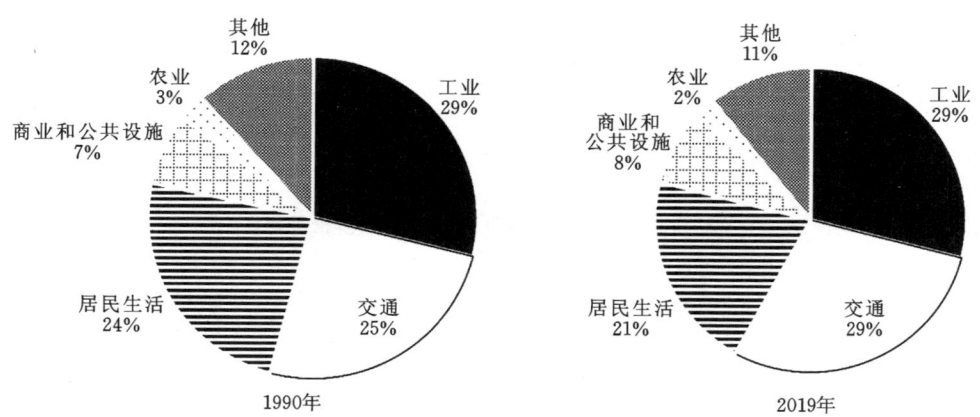

图 2-7 1990 年和 2019 年世界能源应用结构及分布情况

数据来源:IEA 数据库。

第二节 能源产业历史演进

一、能源产业结构变化

能源经过电厂、钢铁厂、化工厂、冶金厂等工业场所加工后,成为制造业和服务业的原材料及中间品,从而形成一条完整的能源行业产业链。能源可分为化石能源和新能源两个大类,以及石油、煤炭、天然气、生物质能、核能、氢能、风能及其他七个小类。可通过1990年和2019年各能源产值及其占比数据,分析能源产业结构的变化(表2-1,图2-8,图2-9)。

表2-1 1990年和2019年各能源产值及其占比

能源类别		1990年能源产值/亿TJ	1990年能源产值约占总和比例/%	2019年能源产值/亿TJ	2019年能源产值约占总和比例/%	1990—2019年能源产值增长率/%
化石能源	石油	1.330	35.7	1.860	29.6	39.85
	煤炭	0.925	24.9	1.670	26.6	80.54
	天然气	0.785	21.1	1.600	25.4	103.82
化石能源总计		3.040	81.7	5.130	81.6	68.75
新能源	生物质能	0.367	9.9	0.568	9.0	54.77
	核能	0.220	5.9	0.305	4.9	38.64
	氢能	0.077	2.1	0.152	2.4	97.40
	风能及其他	0.015	0.4	0.134	2.1	793.33
新能源总计		0.679	18.3	1.159	18.4	70.69
能源总计		3.719	100	6.289	100	69.10

数据来源:IEA数据库。

随着时间的推移,各能源产值均有增加,但增长率各不相同(表2-1)。总体看,与1990年相比,2019年化石能源总产值从3.040亿TJ增长到5.130亿TJ,增长率为68.75%;新能源总产值从0.679亿TJ增加到1.159亿TJ,增长率为70.69%。具体而言,石油产值增长率为39.85%,煤炭产值增长率为80.54%,天然气产值增长率为103.82%,生物质能产值增长率为54.77%,核能产值增长率为38.64%,氢能产值增长率为97.40%,风能及其他产值增长率为793.33%。其中,天然气作为化石能源,经过简单加工后可以视作低碳清洁能源。

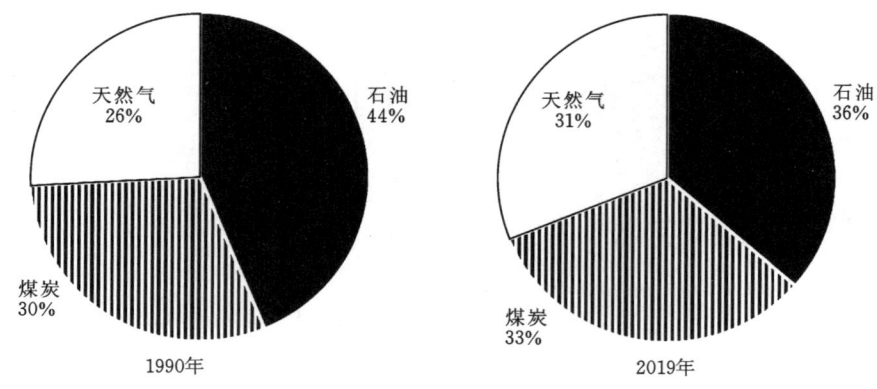

图 2-8　1990 年和 2019 年世界化石能源产值占比

数据来源：IEA 数据库。

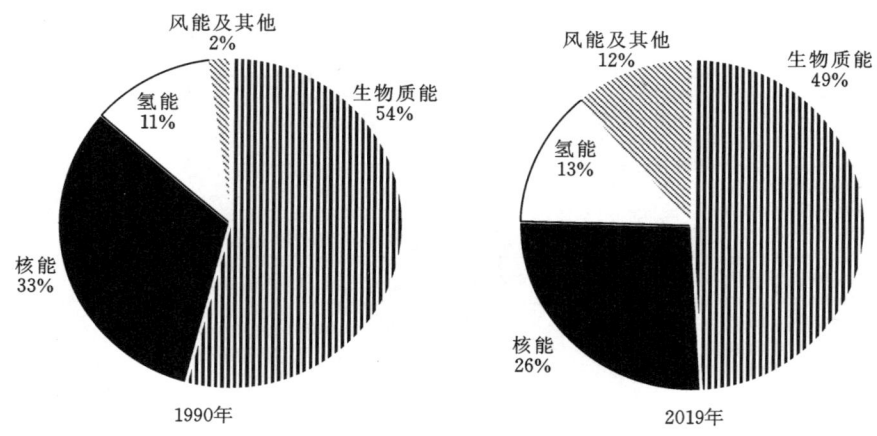

图 2-9　1990 年和 2019 年世界新能源产值占比

数据来源：IEA 数据库。

1990—2019 年对自然资源的开采和新能源技术的研发在同步进行（图 2-8、图 2-9）。与 1990 年相比，化石能源和新能源产值都有一定程度的增加，但化石能源和新能源在总产值中的占比没有发生明显变化。其中石油产值占比明显减少，天然气产值占比明显增加，生物质能、核能产值占比减少，氢能、风能及其他产值占比增加。从新能源内部结构看，氢能产值占比增幅相对较小，风能及其他占比增幅较大。产生新能源产值变化结构差异的主要原因在于，1990 年以来各国政策力推风能和太阳能，而氢能的战略地位未能及时得到重视，并且氢能的发展还受制于制储运成本高等因素。

二、从化石能源到氢能

从 1990—2019 年世界化石能源和新能源产值占比数据看，化石能源产业结构正在从石油一家独大,转变为石油、煤炭、天然气三分天下。在新能源产业结构中,能源制备重点从生物质能和核能向氢能、风能、太阳能转变。国际能源公司更愿意生产清洁低碳能源,能源产业结构从高碳向低碳转变,化石能源向氢能等新能源转变。

风能与太阳能、水能等新能源具有清洁、低碳的优势,但也存在一些缺点。风能受地理位置、间歇性风力等因素的制约,能量供应缺乏稳定性;太阳能能量密度小,覆盖面积大,具有间歇性和随机性,会因地球公转和自转而出现输出功率不稳定的问题;水能来源安全、清洁、无污染,利用水能发电可以显著提高清洁能源供给占比,但水能开发的经济成本和生态成本高,对跨国河流开发水能还容易引起国际争端,总体而言,水能发电提供的能源量相对有限,无法满足经济社会发展需要。

氢能是高效环保的二次能源,能量密度大,是汽油的3倍多;装置的使用效率高,燃料电池的能量转换效率是传统内燃机的2倍;反应产物是水,没有污染物及温室气体排放;安全性相对可控,引爆条件比汽油更为严苛。作为一种应用场景丰富的清洁能源,氢能理论上取之不尽、用之不竭,它对构建清洁、低碳、安全、高效的能源体系及实现碳达峰、碳中和目标具有重要意义。但受制于目前的技术条件,氢能制备、存储、运输成本较高,这制约了对氢能的大规模开发应用。随着未来科技的发展,制约氢能发展的不利因素会逐步变少,人类社会将从化石能源时代迈向氢能时代。

目前,在能源转型的背景下,全球氢能发展呈加速态势。全球多个国家已制定并发布国家氢能战略,推动氢能产业发展。截至2022年5月,127个国家已经提出或准备提出碳中和目标,覆盖全球GDP的90%、总人口的85%、碳排放的88%[11]。全球能源结构正在重塑——从化石燃料转向可再生能源,以实现碳减排目标。美国、欧盟、日本、韩国等国家和经济体均加快氢能产业链布局。国际氢能委员会预计,到2050年,全球氢能产业及技术将促使二氧化碳年排放量减少60亿t,氢能消费在全部能源消费中的占比将提高到18%,市场规模将达2.5万亿美元[12]。

作为碳中和能源体系中的重要组成部分,中国将氢能规划纳入双碳"1+N"①政策体系之中,将气、电、热等网络有机联系起来,从而构建清洁、低碳、安全、高效的能源体系。权威机构中国氢能联盟预测,在碳中和目标下,2060年氢能在中国终端能源体系中的占比会达到20%左右,年需求量将增至1.3亿t左右,与2020年的3342万t相比,大约翻4倍[13]。

三、从灰氢到蓝氢再到绿氢

根据制氢的原料,可以将氢气划分为灰氢、蓝氢和绿氢。通过化石燃料等不可再生能源制取的氢气一般称为灰氢,通过风、光、水等可再生能源制取的氢气一般称为绿氢。在

---

① "1+N"政策体系:"1"是碳达峰、碳中和指导意见;"N"是2030年前碳达峰行动方案以及重点领域和行业的政策措施及行动。

灰氢向绿氢的过渡阶段,使用化石燃料,同时使用碳捕集、利用与封存(carbon capture, utilization and storage,CCUS)技术获取的氢气一般称为蓝氢。在绿氢制造成本高昂的当下,利用化石能源制氢仍是全球主流的制氢方式,而利用可再生能源制氢将成为未来核心的制氢方式。利用可再生能源制氢可以实现低碳排放或零碳排放,提高可再生能源的消纳比例,实现电网调峰储能,但目前成本较高。随着光电、风电成本的下降和电解设备技术的进步,绿氢制备成本也会随之下降。国际氢能委员会预计,到2030年,绿氢相比灰氢将更具有竞争力。

1. 灰氢

全球制氢量最高的工艺路线是天然气制氢,占全球制氢量的48%;煤制氢产量占比约为18%,此类氢气主要来源于中国。中国"富煤、缺油、少气"的能源禀赋致使煤制氢路线产氢量在国内氢气总量中的占比最高,2019年达到63.54%[14],其次是工业副产氢和天然气制氢,而电解水制氢仅有微量示范应用。灰氢主要通过煤制氢和天然气制氢得到。

煤制氢成本最低,技术最成熟,运用最广泛。其工艺技术一般有两种,即煤气化与煤焦化。以煤气化为例,其工艺流程是将煤炭经高温气化形成合成气,并进行混合气体净化、一氧化碳变换分离,之后再经二氧化碳分离、氢气提纯尾气处理等工序后得到高纯度氢气。煤制氢的优势在于工艺技术成熟、原料成本低、装置规模大,但是其设备结构复杂、配套装置投资成本高,而且气体分离成本高、产氢效率低、二氧化碳排放量高。

天然气水蒸气重整制氢目前为国内外普遍采用的天然气制氢工艺路线,主要工艺流程是使天然气与水蒸气在高温环境下发生反应,制成主要由氧气、一氧化碳组成的混合气体,之后再通过水煤气转换反应将置于高温环境下的一氧化碳转换为二氧化碳和氢气,最后经分离、提纯得到高纯度氢气。相比煤制氢而言,天然气制氢投资成本更低、产氢效率更高,且二氧化碳排放量更低。

2. 蓝氢

蓝氢是在灰氢的基础上结合CCUS技术获取的氢气。CCUS是碳捕集与封存(carbon capture and storage,CCS)技术的新发展趋势,即对生产过程中排放的二氧化碳进行提纯,继而将其投入到新的生产过程中加以循环利用的技术。利用该技术可以捕获化石能源制氢过程中排放的二氧化碳,因而在理论上可以降低碳排放水平。

碳捕集技术在技术路线上可划分为燃烧前捕集、燃烧后捕集和富氧捕集三类,目前燃烧后捕集技术最为常用和成熟。以燃烧后捕集的吸收分离法为例,将气体混合物与液体吸收剂如一乙醇胺进行接触,混合气中能够溶解的气体组分溶解并进入液相中,其气体组分保留在气相中,混合气因此得到分离。在吸收剂达到饱和状态后,通过加热给予分解物理键或化学键的能量,可以实现吸收剂与二氧化碳的分离。吸收分离法技术成熟、处理效率高,但目前大规模捕集二氧化碳的成本仍相对过高。

通过加入碳捕集技术,化石能源制氢过程中的碳排放量可以降低一半。碳捕集与封存(CCS)技术,是指通过碳捕集技术,将工业和有关能源产业所生产的二氧化碳分离出来,再通过碳储存手段将二氧化碳储存起来。在煤制氢工艺和天然气制氢工艺中结合CCS技术均可以减少单位氢气碳排放量,但由于结合CCS技术的制氢系统耗电,导致大量间接温室气体排放,再加上利用该技术难以捕集到制氢过程中直接排放的全部二氧化碳,因而其碳排放量与工业副产制氢和电解水制氢工艺极低的碳排放量相比仍有差距。

加入碳捕集技术后,化石能源制氢成本升高了很多,但目前仍低于电解水制氢成本。在结合CCS技术后,天然气水蒸气重整制氢成本由$0.7\sim2.2$美元/kgH_2升至$1.3\sim2.9$美元/kgH_2,升幅范围在32%~86%之间。基于能源过渡委员会(Energy Transitions Commission,ETC)的预测,结合CCS技术的天然气制氢成本未来降速要明显低于电解水制氢,2030年后,在智利等可再生能源丰富的地区,绿氢成本可以实现与蓝氢持平,在一般地区也具有较强的成本竞争力。从中长期来看,利用CCS技术制取蓝氢的成本优势将消失殆尽。

3. 绿氢

由于风力发电制氢、光伏发电制氢、风光互补耦合发电制氢为主流可再生能源制氢方式,因此电解水制氢应选取光伏、风电等可再生能源电力作为电力供应来源。

风力发电制氢系统根据制氢系统与电网的连接情况可以分为并网型系统和离网型系统。目前我国离网型系统制氢技术尚处于起步阶段,风力发电制氢系统以并网型系统为主,它包括风力发电机组、储能变流器能量转换及控制系统、电解槽制氢模块、氢气压缩机、高压储氢罐等部分。其中风力发电机组将风能转化为机械能,再将机械能转化为电能,风力发电机设备同时接入电网和电解槽。当电网电力不足时,风力发电机组为电网供电,停止制氢;当电网电力富余时,风力发电机组同时供电并制氢,以最大限度地避免能源浪费,显著提高风电制氢综合经济性。

光伏发电制氢系统可将太阳能面板转化的电能供给电解槽系统用于电解水制氢,系统整体结构类似于风力发电制氢系统。光伏发电制氢系统的主要核心元件是太阳能电池,其他元件还包含蓄电池组、控制器等。

风光互补耦合发电制氢系统由风力发电系统、太阳能发电系统、电解水制氢装置及氢能储存利用系统组成。当区域电网中风、光资源富余时,将富余资源用于电解水制氢,以降低弃风、弃光率;当电网电力不足时,氢能通过燃料电池为电网供电,达到"削峰填谷"的作用,从而提高风、光资源的利用率及并网稳定性,实现风力、光伏发电优势特性互补。

可再生能源制氢的核心技术为电解水制氢工艺。从可再生能源发电系统获取电能后,需使用电解水制氢工艺将电能转化为氢能。根据使用电解质的不同,电解水制氢工艺有碱性电解水制氢、质子交换膜(proton exchange membrane,PEM)电解水制氢、固体氧化物电解水制氢、阴离子交换膜电解水制氢四种技术路线。

为了尽快实现绿氢的普及,国外积极推进PEM电解水制氢项目。欧盟制定了PEM电解水制氢逐渐取代碱性电解水制氢的发展路径;美国能源部提出H2@Scale规划,推进氢的规模化应用，2020 年在 H2@Scale 规划中支持 3M、Giner、Proton Onsite 等公司开展 PEM 电解槽制造与规模化技术研发，涉及吉瓦（功率单位，1 GW＝1000 MW）级 PEM 电解槽的析氧催化剂、电极、低成本 PEM 电解槽组件及放大工艺，资助金额均超过 400 万美元。

在各国政策的推动下，2017 年以后，国际上电解水制氢项目在数量和装机容量上呈指数型增长。2010 年前后多数电解水制氢项目装机容量低于 0.5 MW，而 2017—2019 年的项目装机容量基本为 1～5 MW。此外，多数项目采用了 PEM 电解水制氢技术。

越来越多的国家在可再生能源电解水制氢方面开展试点和商业初期项目，尤其关注规模以及电力系统交互性能方面的提升。相关项目的应用规模已发展至兆瓦级，但是为大幅降低成本，还需进一步研究，扩大生产规模并在实践中不断创新。

第三节　能源危机与国际氢能产业发展战略决策

一、能源危机及其对能源产业发展的影响

国际上碳减排目标的制定促使相关国家进行能源转型，能源危机的发生则让能源依赖国真切地感受到了能源结构转型的必要性，进而加快氢能产业发展进程。20 世纪 70 年代以来共发生了四次能源危机，其中前三次是石油危机，第四次是天然气危机。

1973 年中东战争爆发，石油输出国收回石油标价权，爆发第一次石油危机。这次危机使石油价格从每桶 1.8 美元上涨到每桶 11.65 美元，上涨幅度约为 547％[15]。油价大幅上涨对非石油生产国的国民经济造成了严重的冲击。

1979 年伊朗政变导致第二次石油危机爆发。作为当时世界第二大石油出口国，政变使伊朗停止出口石油 3 个月，其后虽恢复了石油供应，但伊朗取消了原来与大石油公司约定的合同价格，转而按照市场价公开出售，迫使日本、西德等国纷纷涌向现货市场抢油，致使市场油价巨幅上升，最高达 43 美元/桶[16]。此次石油危机导致西方发达国家物价上涨，失业率增加；第三世界发展中国家工业化产品价格上升，国际收支逆差持续增加。

1990 年波斯湾战争爆发，伊拉克遭受国际制裁，导致其原油供应中断，由此产生第三次石油危机。这次危机使得石油价格从每桶 16 美元一度上涨至每桶 40 美元，涨幅 150％[17]。由于吸取了前两次危机的教训，在此次危机中，国际能源机构及时出面，将储备的原油投放市场。同时其他石油输出国加大供应力度以弥补伊拉克石油缺口，稳定世界原油市场价格。此次危机高价油持续时间不长，全球经济受到的冲击相对较小[18]。

2022 年 2 月，俄乌冲突爆发。受地缘政治影响，叠加全球极端气候，欧洲地区天然气价格和需求同时高涨，天然气危机随之发生。欧洲天然气对外依存度高达 90％，其中 1/3 由俄罗斯供应[19]。此次危机迫使欧洲寻找更多的天然气来源[20]，同时暴露出欧洲仍未摆脱

对化石能源的依赖,清洁能源因产出不稳定而无法支持和弥补欧洲能源消费的问题。

从历次能源危机中可以发现,能源短缺通常表现在石油或者天然气这类不可再生资源上,且该资源分布不均,与地理位置关系较大。中东地区盛产石油,世界主要石油出口国大多位于中东,如果主要产油国切断石油供应或减少石油供应量,世界石油供应很容易出现短缺,进而使需要大量石油来发展工业的国家产生石油危机。如俄乌冲突期间,俄罗斯减少天然气出口供应,使天然气匮乏的欧洲陷入能源危机。

2021年中国石油对外依存度高达72%,天然气对外依存度达到46%,且石油和天然气对外依存度持续攀升。近几年石油价格暴涨、"气荒"现象频繁出现更是给我们敲响了警钟,一旦石油、天然气的进口通道被迫中断,将对我国产生严重影响。能源危机给我们的警示是,过于依赖某一国家能源进口很难抵御突然降临的能源危机。为实现碳达峰、碳中和目标,减少对石油、天然气等化石能源的依赖,推动碳减排共识下的能源转型,必须加快氢能等清洁能源发展步伐,实现绿色、环保、低碳可持续发展。

二、国际氢能产业发展战略决策

(一)发展战略目标

目前,全球近130个国家和地区制定了碳中和目标,20多个主要国家和经济体将发展氢能提升到国家战略层面,相继制定发展规划、路线图以及相关扶持政策,加快氢能产业化进程,全球氢能进入产业化快速发展新阶段。美国、日本、韩国、澳大利亚和欧盟作为发展氢能产业的主要国家和经济体,都提出利用氢能进行脱碳的战略目标,在氢能制备、存储、运输和应用上取得了一定成果。由于各国资源禀赋条件和基础设施不同,其战略侧重点也有所不同。

1. 美国

美国是最早将氢能纳入能源战略的国家,2009—2019年的投资规模超16亿美元[21]。2002年,美国发布《国家氢能发展战略》,提出2040年全面实现氢经济目标;2014年,美国政府颁布《全面能源战略》[22];2015年,美国能源部提出推动氢能大规模生产和应用;2019年,美国燃料电池和氢能协会发布《美国氢经济路线图》,该路线图预计到2030年美国氢能产业有望每年创造70万个就业机会及1400亿美元收入,到2050年氢能可满足美国15%的能源需求。目前美国已经基本完成氢能制备、存储、运输、应用的产业链开发。2021年6月,美国能源部启动"能源地球加速计划",提出未来10年内将清洁氢的成本降低80%,至每千克1美元[23]。

2. 日本

在电解水制氢技术不完善的情况下,日本氢能暂时以进口为主。2011年3月,受地震影响,日本福岛第一核电站发生放射性物质泄漏。此后,日本更加注重能源安全,其战略目标以应用方向为主,并计划以此建立一个新的"氢能社会"。2014年,日本在第四次《能源基本计划》中明确提出建设和发展"氢能社会"的战略方向。2017年,日本政府发布《氢能基本战略》,提出日本未来低碳能源社会愿景,并阐述氢气在该愿景实现过程中的作用。2020年,日本经济产业省发布《2050年碳中和绿色增长战略》,再次强调氢能产业对于日本能源供应端清洁低碳化的重要性。日本非常注重加氢站的作用,截至2022年9月,日本共有161座在营加氢站,数量位居全球第一。

3. 韩国

韩国与日本在氢能战略上有很多相似之处,不同的是韩国更渴望通过发展氢能产业获得新的经济增长点。2018年韩国政府发布《关于建立氢能经济社会的方案》,希望通过太阳能、风能、液化天然气、液化石油气及水来产生氢气,打造一个以氢气为主要能源的零二氧化碳排放社会。2019年,韩国成立氢经济委员会,发布《韩国氢能经济路线图》,确定了实施氢战略的具体行动计划[24]。

4. 澳大利亚

澳大利亚是全球重要资源出口国,2019年其GDP增长的1/3来源于资源出口[25]。在化石能源出口呈现颓势,而氢能备受青睐的情况下,澳大利亚希望依托自己的资源优势,成为全球主要的氢能出口国。2019年澳大利亚政府发布该国氢能战略[26],确立打造全球氢气供应基地的重要战略目标。

5. 欧盟

工业发展对能源需求量巨大,27个欧盟成员国的资源(特别是石油和天然气)对外依存度都比较高。作为环境保护先锋,欧盟更加渴望早日实现能源转型。2008年,欧洲燃料电池和氢能联合组织(Fuel Cells and Hydrogen Joint Undertaking,FCHJU)成立,该组织积极关注氢燃料电池领域发展,成为推动欧洲氢能发展的重要组织团体。

欧洲能源研究联盟是欧盟发展氢能的另一重要推力。2015年2月25日,欧盟正式公布该联盟的总体构架,将28个成员国的能源政策统一为欧盟能源政策。根据欧盟成员国达成的共识,欧洲能源研究联盟将遵循以下五个原则:确保能源供应安全;建立完全一体化、具有竞争力的内部能源市场;降低能源需求,提高能源效率;加强对再生资源的利用;加强研究、创新以发展绿色技术。欧洲能源研究联盟的参考者将不局限于欧盟成员国自身,各成员国希望能与周边其他国家开展密切合作。2019年6月,欧洲能源研究联盟发布第四版《燃料电池与氢能技术联合研究规划》[27]。该规划更新了欧洲2018—2030年在氢能领域的一系列研究目标,包括电解质、催化剂与电极、电堆材料与设计、燃料电池系统、建模验证与诊断、氢气生产与处理和氢气储存等七个领域的研究目标和路线。

2019年,欧盟发布《欧洲氢能路线图:欧洲能源转型的可持续发展路径》,预计到2050

年氢能可占欧洲最终能源需求的24%,并创造8200亿欧元的市场价值;同时为保证氢能及燃料电池汽车发展,提出到2040年建成15 000座加氢站的规划。

6. 中国

2021年10月24日,中共中央、国务院发布的《关于完整准确全面贯彻新发展理念做好碳达峰碳中和工作的意见》,要求统筹推进氢能"制储输用"全链条发展,推动加氢站建设,推进可再生能源制氢等低碳前沿技术攻关,加强氢能生产、储存、应用关键技术研发、示范和规模化应用。同日,国务院《关于印发2030年前碳达峰行动方案的通知》提出,到2025年,我国的非化石能源消费比重达到20%左右,单位国内生产总值能源消耗比2020年下降13.5%,单位国内生产总值二氧化碳排放量比2020年下降18%,为实现碳达峰奠定坚实基础。到2030年,我国的非化石能源消费比重达到25%左右,单位国内生产总值二氧化碳排放量比2005年下降65%以上,顺利实现2030年前碳达峰目标。

2022年3月23日,国家发改委、国家能源局联合发布《氢能产业发展中长期规划(2021—2035年)》(以下简称《规划》),《规划》明确提出氢能是未来国家能源体系的组成部分,要充分发挥氢能清洁、低碳的特点,推动交通、工业等用能终端和高耗能、高排放行业绿色低碳转型。同时,明确氢能的开发利用是战略性新兴产业的重点方向,是构建绿色低碳产业体系、打造产业转型升级的新增长点。《规划》提出,到2025年,基本掌握核心技术和制造工艺,燃料电池车辆保有量约5万辆,部署建设一批加氢站,可再生能源制氢量达到10万~20万t/a,实现二氧化碳减排100万~200万t/a;到2030年,形成较为完备的氢能产业技术创新体系、清洁能源制氢及供应体系,有力支撑碳达峰目标实现;到2035年,形成氢能多元应用生态,可再生能源制氢在终端能源消费中的比例明显提升。

(二)发展战略目标实现路径

各国资源禀赋条件和基础设施不同,实现路径的侧重点也有所不同,但总体还是以制氢、储氢、输氢、用氢等环节为主,覆盖整个产业链。在制氢方面,资源充足国家会考虑先以化石能源制氢为过渡,资源匮乏国家会加快可再生能源制氢发展;在储氢和输氢方面,以出口为主要战略方向的国家会加快研究管道和海洋运输氢气路径,以氢应用为主要战略方向的国家会在氢燃料电池上加大技术研发力度;在氢应用方面,以燃料电池汽车为主的交通领域将会取得稳步进展。

1. 依托资源条件和基础设施确立制氢路线

世界主要国家和地区根据各自的资源禀赋优势确立了不同的制氢技术路线,以保障氢能供给。美国氢气生产以天然气重整制氢为主,同时发展可再生能源、电力、电解水制氢。日本为减少碳排放量,提高能源自给率,计划建立海外氢能供给链,加快发展可再生能源制氢,利用风电、光伏发电等富余电力发展电解水制氢。德国重点发展电转气(power to gas,P2G)制氢。法国计划通过可再生能源电力制取氢气,建立规模化供氢体系。韩国提出到2025年氢制备以副产氢为主,同时发展电解水制氢,到2030年发展大规模天然气重整制氢和电解水制氢。

2. 尚在技术研发中的氢储运

美国计划在2030年之前建成第一条氢气传输管道。在运输方面,重型、高通量加氢站基础设施的全面建设,使中长途氢动力卡车运输规模不断扩大,从而激活整个燃料电池汽车市场。日本在汽车燃料电池技术方面不断发力,计划于2030年实现燃料电池系统成本0.9万日元/kW及储氢系统成本2~4万日元/kg的目标,以大幅度降低整车价格,提高氢能电池车普及率。韩国在储存和运输上,希望采取技术手段,通过多样化存储方法,如对气体施以高压进行储存,或采用液体和固体形式进行储存等,提高储氢效率,加大管式拖车及输氢管道的利用率,降低运输成本。澳大利亚氢储运研究计划提出,2025年之前提高氢气的压缩效率,开发液化催化剂、冷却剂和材料等,研发更廉价的催化剂制氢技术,提高氢气存储效率。

3. 以燃料电池汽车为主的氢应用

全球氢燃料电池汽车是氢能应用的重要终端,其车型以乘用车和巴士为主。美国燃料电池汽车销量从2013年的14辆增加至2021年的3341辆[28],年均增长率达98%。除燃料电池巴士外,燃料电池叉车等移动式燃料电池领域及热电联产等固定式燃料电池领域的示范应用也已展开。燃料电池叉车在美国、德国等国家得到应用,全球最大燃料电池叉车生产企业在美国已生产超过25 000辆燃料电池叉车,其累计运行时间超过1.8亿小时。

在日本,家用热电联产系统发展势头迅猛,住宅供电、供热氢能设备ENE-FARM的销量呈指数级增长,截至2021年底,累计销量逾43.3万套,远超2017年设定的"2030年30万套"战略目标;氢能应用场景不断拓展,氢内燃机汽车、氢能作业机械、氢气发电、氢能工厂应用以及国际氢能供应链建立等都在有条不紊地推进中。与此同时,欧洲已经部署大约10 000个家用燃料电池热电联产系统,日本企业作为燃料电池组供应商参与市场建设。作为燃料电池发电积极行动者,2019年1月,韩国政府发布的《韩国氢能经济路线图》提出,除308 MW大型燃料电池发电外,还有7 MW燃料电池为3167个家庭或建筑物提供电力[29]。

(三)发展战略保障措施

目前氢能应用以燃料电池为主。为实现氢能普及应用,各国主要以财政补贴等政策,引导和鼓励燃料电池的技术研发,同时投入大量资金建设氢能应用示范区,以期通过下游产业发展带动上游技术研发,保障战略目标的实现。

1. 氢燃料电池技术研发支持

为突破氢燃料电池技术瓶颈并保持领先优势,日本、欧盟等国家和经济体对相关技术研发提供长期、持续的支持。

2019年,日本经济产业省修改了《氢燃料电池技术开发战略》,以提高燃料电池的功率、耐久性和降低成本作为未来10年的主要目标,并且制定了10项具体的技术开发事项来完成目标[30]。

德国专门成立了国家氢燃料电池技术组织以开展相关领域的工作。2006年,德国政府、工业和科学界达成战略联盟,启动"氢燃料电池技术国家创新计划"项目。项目第一阶段的工作时间长达10年之久,并且取得了良好的成效。目前,该项目已确定延续至第二期,预计至2026年完成[31]。第二期的扶持资金将达到14亿欧元。

2003年,欧盟25国开展氢燃料电池技术的合作研发,包括设立氢燃料电池技术研发平台,重点攻关氢燃料电池的关键技术。2008年,欧盟出台"燃料电池与氢能联合行动计划"项目,2008—2013年间对该项目投资9.4亿欧元以上,该项目被认为在欧洲所有氢燃料电池应用中发挥了重要作用[32]。

2. 推出氢能示范区计划

作为积极推进氢燃料电池示范应用的国家,德国、韩国都推出了氢能示范区计划。2019年初,德国提出氢能示范区计划(HyLand),该计划是"氢燃料电池技术国家创新计划"的一部分。根据资助类型不同,德国氢能示范区分为侧重于理念萌芽或着手组织搭建的地区(HyStarter)、侧重于技术创新和将可行性分析方案落实为具体项目的地区(HyExperts)和侧重于已着手方案具体实施的地区(HyPerformer)3类。2019年下半年,德国国家氢能与燃料电池技术组织先后确定了3批次共25个氢能示范区试点。与此同时,德国政府在全国范围内开展了20个能源转型实验室项目,推动氢能在交通、供暖等领域的综合利用,进一步推动企业以工业级规模测试氢能技术。氢能示范区与能源转型实验室将充分发挥区域协同效应,提高绿氢竞争力。

韩国国土交通部于2019年12月宣布选择安山市、蔚山市、完州郡与全州市作为"氢经济示范城市"试点,选择三陟市作为氢技术研发中心。韩国政府将在4个示范城市各投资290亿韩元,其中50%由地方政府支付。

本章主要参考文献

[1] 赖明东,雍熙,史文静.全球变暖的解释模式:温室效应理论与气候的自然波动假说[J].自然辩证法研究,2022,38(5):69-74+95.

[2] 苏勃,高学杰,效存德.IPCC《全球1.5 ℃增暖特别报告》冰冻圈变化及其影响解读[J].气候变化研究进展,2019,15(4):395-404.

[3] 崔荣国,郭娟,程立海,等.全球清洁能源发展现状与趋势分析[J].地球学报,2021,42(2):179-186.

[4] 吴承康,徐建中,金红光.能源科学发展战略研究[J].世界科技研究与发展,2000(4):1-6.

[5] 秦博宇,周星月,丁涛,等.全球碳市场发展现状综述及中国碳市场建设展望[J].电力系统自动化,2022,46(21):186-199.

[6] 张宪昌.美国新能源政策的演化之路[J].农业工程技术(新能源产业),2011(1):8-10.

[7] 郑艳婷,徐利刚.发达国家推动绿色能源发展的历程及启示[J].资源科学,2012,34(10):1855-1863.

[8] 李昕蕾.全球气候能源格局变迁下中国清洁能源外交的新态势[J].太平洋学报,2017,25(12):33-46.

[9] 陆燕,付丽,张久琴.澳大利亚《2011清洁能源法案》及其影响[J].国际经济合作,2011(12):27-30.

[10] 李昕蕾."一带一路"框架下中国的清洁能源外交:契机、挑战与战略性能力建设[J].国际展望,2017,9(3):36-57+154-155.

[11] 中国国际发展知识中心.全球发展报告[R/OL].(2022-06-20).[2022-08-10].https://www.cikd.org/detail?docId=1538692405216194562.

[12] 陈赟,李铭辉.我国氢能战略运营实践及其发展对策[J].科学发展,2021(12):86-93.

[13] 中商产业研究院.碳中和下的氢能:2060年需求量将达13030万吨[EB/OL].(2021-11-20)[2022-08-10].https://www.askci.com/news/chanye/20211120/1031071663238.shtml.

[14] 绿色低碳金融产业委员会.氢能源行业研究报告:可再生能源制氢专题分析[EB/OL].(2023-02-03)[2023-04-20].https://mp.weixin.qq.com/s/jmq5E0mWQwbbRtRBVB1q3w.

[15] 佚名.石油危机对日本纺织印染工业的影响[J].上海纺织科技动态,1974(3):16.

[16] 子夫.石油危机的回顾与展望[J].世界知识,1979(24):17-19.

[17] 李琮,谷源洋,关树芬,等.海湾危机对世界经济的影响[J].世界经济,1990(11):1-21.

[18] 杜征征,杜巍巍.历次石油危机回顾及对中国的警示[J].渤海大学学报(哲学社会科学版),2009,31(2):99-105.

[19] 郝宇.欧洲能源危机的根源与影响[J].人民论坛,2022(7):102-105.

[20] 康恺.俄乌局势不断升温 欧盟欲多元化天然气来源[N].第一财经日报,2022-01-25(A05).

[21] 肖蕴轩.2019年全球氢能源行业市场现状分析 中、美、日、欧、韩氢能产业发展现状比拼[EB/OL].(2019-10-21)[2022-08-10].https://www.qianzhan.com/analyst/detail/220/191018-ec873ca1.html.

[22] 赵旭,杨艳,高慧.世界主要国家和能源企业加快氢能产业布局[J].中国石化,2019(5):16-21.

[23] 中国能源网.美国:计划10年内将绿色氢成本降低80%至每公斤1美元,[EB/OL].(2021-06-16)[2022-08-10].https://www.china5e.com/news/news-1116406-1.html.

[24] International Energy Agency.Hydrogen economy roadmap of Korea[EB/OL].(2020-12-14)[2022-08-10].https://www.iea.org/policies/6566-korea-hydrogen-economy-roadmap-2040.

[25] 贾文娟.澳大利亚2019—2020年度资源能源出口情况[EB/OL].(2019-12-26)[2022-08-10].http://ggmd2.ngac.cn/DepositsNewsCen.aspx?id=781.

[26] 科技部.澳大利亚发布《国家氢能战略》[EB/OL].(2020-01-16)[2022-08-10].http://www.most.gov.cn/gnwkjdt/202001/t20200116_151111.html.

[27] 氢能首席观察员.欧洲2018—2030燃料电池与氢能技术联合研究规划(第4版)[EB/OL].(2019-11-14)[2022-08-10].http://chuneng.bjx.com.cn/news/20191114/1020872.shtml.

[28] 氢极思汗.2021年全球氢燃料电池汽车销量1.6万台,保有量近5万台[EB/OL].(2022-02-07)[2022-08-10].https://news.bjx.com.cn/html/20220207/1202775.shtml.

[29] 佚名.日本已部署30万个家用燃料电池系统[EB/OL] (2019-05-13)[2020-08-10].https://www.sohu.com/a/313567161_120044724.

[30] 连线新能源.日本：未来10年有这10项燃料电池技术开发事项[EB/OL].(2019-10-30)[2022-08-10].https://xueqiu.com/7840406530/134913226.

[31] 郎彦辉.借鉴德国经验 促进氢能产业发展[EB/OL].(2020-10-19)[2022-08-10].https://newenergy.in-en.com/html/newenergy-2394013.shtml.

[32] 白静尧.2022年欧洲加氢站行业市场现状与发展前景分析[EB/OL].(2022-01-24)[2022-08-10].https://www.qianzhan.com/analyst/detail/220/220124-fb0330e0.html.

第三章

国际氢能产业发展战略与态势

氢能作为可再生、清洁、高效的二次能源,已成为世界各国加快能源转型升级、培育经济新增长点的重要战略选择。国际氢能委员会预计,至2030年全球氢能领域投资总额将达5000亿美元,2050年氢能将满足全球18%的终端能源需求,氢能产业将创造3000万个工作岗位,减少60亿t二氧化碳排放并创造超过2.5万亿美元市场价值,为全球能源转型和减碳事业作出巨大贡献[1]。由于不同国家和经济体在基础设施完善程度、能源资源禀赋及现实诉求方面存在差异,其氢能战略目标、发展路径也有所不同。

第一节　国际氢能产业发展战略目标

一、美国——积极储备氢能全产业链技术

(一)美国氢能产业战略整体布局

20世纪80年代,美国预测和判断氢能将在未来能源系统中具有得天独厚的地位和优势,从而积极储备氢能全产业链技术。1990年,美国政府制定了推动氢能产业发展的各项政策。作为全球第一个将氢能纳入能源战略的国家,美国积极抢占氢能产业链市场空间和各技术环节制高点,投入巨资加速开发低成本清洁制氢技术。美国氢能产业发展战略经历了四个阶段(表3-1)。

表 3-1 美国氢能产业发展战略的四个阶段(1990—2030 年)

阶段	时间	标志性政策目标
第一阶段	1990—2001 年	用较短的时间,以较低的成本,探索和突破关键技术,形成"制氢—运氢—储氢—用氢"技术链,确定氢能产业的发展方向
第二阶段	2002—2012 年	对氢能发展重点领域(交通)的关键核心技术进行研发,开展氢能与燃料电池项目和启动相关研究计划,推动氢能在交通领域的基础设施建设
第三阶段	2013—2020 年	通过新材料的研发推动制氢技术的发展,其中新材料包括面向碱性燃料电池应用的阴离子交换膜以及可以改善固体氧化物电解槽化学稳定性的新型涂层材料等; 确定氢能在交通转型中的引领作用,加快氢能在交通领域的基础设施建设,同时进行制氢和储氢领域中新材料的研发,重视氢燃料电池及其他配套技术的研发和推广应用
第四阶段	2021—2030 年	明确氢能在实现碳中和目标中的作用,加快推动成熟氢能技术商业化应用,重点开发可再生能源制氢技术,并提出使清洁氢价格从 5 美元/kg 降低至 1 美元/kg

20 世纪 90 年代,美国调整和优化了能源结构,重点发展氢燃料电池产业。经过 30 余年的氢能技术全产业链研发,其战略目标更加多样,包括发展氢经济、实现碳中和目标、加速"制氢—运氢—储氢—用氢"全链条技术商业化、争取全球氢技术主导地位等。

(二)美国氢能产业发展路径

2019 年 11 月,美国燃料电池和氢能协会(Fuel Cell & Hydrogen Energy Association, FCHEA)发布了《美国氢经济路线图》[2]。该路线图期望美国决策者和工业界共同努力并选择正确路径,在氢经济迅速发展的进程中,不断壮大相关产业,从而巩固美国在全球能源领域的领导地位。它在一定程度上反映出美国工业界期盼共同努力"建立跨市场和应用的伙伴关系,长久把持全球能源技术主导权"的战略意图。该路线图将美国氢能产业发展进程分为四个关键阶段:2020—2022 年、2023—2025 年、2026—2030 年、2030 年以后,每个阶段都有跨应用部署氢的特定里程碑。路线图中还描述了每个阶段所需的关键促成因素:政策促成因素、氢供应与最终用途设备促成因素。

1. 2020—2022 年:立即采取后续措施

在最初的两三年中,美国计划在联邦政府和更多的州政府内确定合理且可行的脱碳目标。这些目标将作为具体政策和监管行动的指南。

该阶段专注于燃料电池的商业化应用,例如在全美境内推广燃料电池叉车,在加利福尼亚州进一步部署轻型和重型车辆。这些早期应用要求采取多种激励措施来减少进入壁垒,并通过市场机制来扩大规模。因而此阶段的着力点是不断扩大成熟的应用领域(如叉车)和接近收支平衡的应用领域(如备用电源);在运输业中推进燃料电池汽车的发展,重点发展燃料补给基础设施，开发乘用车和燃料补给站的第二代产品；推动市场需求和其他应用试点的增长，使市场需求匹配运输业中既有的氢生产设施的产能和分销能级。

2. 2023—2025 年：规模化的早期阶段

在此阶段，建设首批大规模制氢设施。这些设施通过使用可再生能源进行水电解、可再生天然气或碳捕捉与储存技术来实现氢气制取。同步扩大与氢相关的设备规模，尤其是汽车燃料电池生产设备和燃料站设备，以降低成本、提升性能。开始向市场投放中型、重型燃料电池卡车及新型轻型燃料电池汽车。加快建设第二代高通量加氢站以服务中型和重型车辆，提高初期市场用户对氢动力商用车的接受度和利用率。

在建筑物供暖方面，氢能产业发展起步较早的州可以开始将少量氢气混合到供暖管道中，用供暖需求刺激氢的大规模生产。在运输业，这些州可以在现有车辆和加氢试验站的基础上扩大轻型乘用车加氢基础设施的覆盖面和容量，并在其他州跟进开发氢能的过程中，制定加氢站的推广计划。在利用率高且需求密集的路线上，部署长途卡车所需的加氢设施。除此之外，还可以将氢燃料电池用于建筑物的备用发电。

氢的大规模生产预计于 2025 年实现，计划在降低氢生产成本的同时将氢能的使用范围扩大到全美境内。

3. 2026—2030 年：多元化

在制氢领域，全面扩大基础设施规模，广泛使用各种制氢方法，持续扩大电解氢生产规模，开始与电网和可再生能源生产建立密切关联。这个时期开始建立第一条氢气传输管道，可以通过季节性并网和存储降低成本。

在运输领域，重型、高通量的加氢站基础设施联结成区域网络进而覆盖全美，中长途氢动力卡车的运输规模不断扩大。在本阶段，大多数州应都已落实《美国氢经济路线图》，并建立布局广泛的加氢基础设施，从而激活整个燃料电池汽车市场。

在产业领域，使用低碳氢模式生产氨、甲醇和石化产品。通过大规模制氢，降低所有部门生产成本。航空业和航运业对脱碳型燃料需求不断增长，氢基合成燃料在这两个产业中的供应规模持续扩大。

4. 2030 年以后：在美国广泛推广

此阶段各地区、各行业应已大规模部署氢能。支持性政策逐步退出，充分的外部性定价使氢能与化石燃料替代品成本相当。在全美范围内，利用碳捕捉和储存技术，改良基于化石燃料的制氢设备，鼓励多种低碳制氢方法之间的竞争。氢能应用行业增加，在降低成本和改善性能的同时，发挥行业间的协同效应。在全美范围内广泛建设低碳制氢设施、输氢管道和加氢基础设施，使大型加氢网络成型，推出不同型号的燃料电池汽车以满足客户的多样化需求。在交通领域推广零碳排放汽车的同时，推进脱碳难的工业和建筑部门协同减排。此外,还应加大面向欧洲和亚洲的氢能及其技术出口[3]。

(三)美国氢能产业发展具体战略目标

2020年美国发布《能源部氢能项目计划》[4],提出未来10年及更长时期氢能研究、开发和示范的总体战略框架,明确氢能发展的核心技术领域、需求、挑战以及研发重点,并设定到2030年氢能发展的技术和经济指标(表3-2)。

表3-2 美国《能源部氢能项目计划》设定的技术和经济指标(2020—2030年)

技术阶段	2030年技术和经济指标
制氢阶段	电解槽成本降至300美元/kW,运行寿命达到80 000 h,转换效率为65%
运氢阶段	交通部门氢气输配成本降至2美元/kg
储氢阶段	车载储氢系统成本降至8美元/(kW·h)
	便携式燃料电池电源系统储氢成本降至0.5美元/(kW·h)
	储氢罐用高强度碳纤维成本达到13美元/kg
用氢阶段	工业和固定发电部门用氢价格降至1美元/kg
	交通部门用氢价格降至2美元/kg
	用于长途运输的重型卡车的燃料电池成本降至80美元/kW,运行寿命达到25 000 h
	用于固定式发电的固体氧化物燃料电池系统成本降至900美元/kW,运行寿命达到40 000 h

资料来源:根据美国能源部报告《能源部氢能项目计划》(*Department of Energy Hydrogen Program Plan*)整理。

为了实现战略目标,《美国氢经济路线图》制定了氢能发展"四步走"路线,将利用多样化的国内资源开发氢能,以确保丰富、可靠且可负担的清洁能源供应,同时加快全面转型,建立清洁能源结构体系,以使美国在全球氢能产业链技术和经济发展体系中占据主导地位。

1. 2020—2022年

实现氢能在小型乘用车、叉车、分布式电源、家用热电联产、碳捕捉等领域的应用;到2022年底,美国所有细分市场氢气市场总量将达到1200万t,在美国道路上行驶的氢燃料电池汽车(fuel cell electric vehicle,FCEV)约有5万辆,同时有5万辆氢燃料电池物料搬运叉车,全美范围有110座加氢站。

2. 到2025年

全美各种应用的氢总需求量将达到1300万t,道路上行驶共计20万辆轻型、中型、重型氢燃料电池汽车,同时还有12.5万辆氢燃料电池物料搬运叉车,全美范围有580座加氢站。

3. 到2030年

全美各种应用的氢总需求量将突破1700万t,在美国道路上有530万辆氢燃料电池汽车及30万辆氢燃料电池物料搬运叉车,全美范围有5600座加氢站。随着制氢成本的降低和基础设施的到位,各类制氢解决方案开始竞争。氢经济将吸引投资,而得到的投资将被进一步用于氢能的开发和推广。到2030年,年度投资额预计将达到80亿美元,氢经济每年将产生约1400亿美元收入,并能提供70万个工作岗位。

4. 到2050年

维持美国能源领导地位与安全并支持经济增长,推动氢能技术全链条产业化发展,建立新的经济增长点及反哺社会,至2050年氢能需求量占美国能源需求量的14%,同时每年创造约7500亿美元收入和累计340万个就业机会,推动经济增长。

二、日本——着力构建"氢能社会"

福岛核事故后,日本政府在原有能源消费格局中开辟出新"阵地"——氢能,并不断坚定推进氢能产业的决心,构筑"氢能社会"成为日本能源发展主要战略之一。

1. 日本氢能产业战略整体布局

2013年,安倍政府推出《新增长战略——日本复兴战略:日本归来》[5],把发展氢能源提升为国策,并启动加氢站建设前期工作,推进"氢能社会"早日实现。2014年,日本经济产业省发布第四次《能源基本计划》[6],将氢能定位为与电力和热能并列的核心二次能源,将2015年定为"氢能元年";同年《氢能与燃料电池战略路线图》正式发布,拉开了日本氢能发展的序幕,该路线图描绘了氢能研发推广的三大阶段战略目标(表3-3)。2017年日本政府出台了《氢能基本战略》,将2020年定为"氢能奥运元年",2025年为"氢能走出去元年",2030年为"氢燃料发电元年",并提出建设"氢能社会"愿景。"氢能社会"是一种覆盖技术、能源利用、市场与消费体系的战略选择。日本制定"氢能社会"国家战略主要基于以下几个方面的考虑:一是氢能利用过程中的污染物排放量极小,未来随着技术的进步,完全可能做到使用阶段零排放、全生命周期低排放;二是氢能利用技术突破后的带动作用较强,能够形成产业体系;三是"氢能社会"是一个综合系统,日本氢能产业战略的整体布局就是推动形成从与社会配套的"技术—生产—消费"系统,一旦这样的系统形成,将会牢牢确立"氢能社会"的市场地位。

表 3-3　日本氢能研发推广的三大阶段战略目标

阶段	时间	主要目标
第一阶段	2014—2025 年	快速扩大氢能的使用范围,将日本户用燃料电池装置的数量在 2020 年提高到 140 万台
第二阶段	2026—2030 年	全面引入氢发电并建立大规模氢能供应系统,扩大商业用氢的流通网络。日本户用燃料电池装置的数量在 2030 年提高到 530 万台,海外购氢的价格降到 333.7 日元/kg
第三阶段	2031—2040 年	确立零二氧化碳的供氢系统

资料来源:根据日本经济产业省氢能与燃料电池战略协会报告《氢能与燃料电池战略路线图》(水素エネルギー/燃料電池戦略ロードマップ)整理。

2. 日本氢能产业发展路径

20 世纪 90 年代,日本将氢能作为未来能源的发展方向,并采用自下而上的发展路径,从下游应用开始不断扩展氢能的市场规模;同时将燃料电池汽车作为突破口,大力推进燃料电池等氢能项目,氢能汽车产业成为日本下游消费领域发展最迅速的产业之一。1992 年,丰田公司开始氢能汽车研发,2014 年推出第一款氢能汽车 Mirai,至此日本在下游氢燃料电池汽车领域取得了瞩目成绩,并因此将氢能上升至国家能源发展战略之中。2014 年《氢能与燃料电池战略路线图》公布,明确了日本氢能产业在不同发展阶段面临的任务,在此基础上举国之力建设世界领先的"氢能社会",以引领未来发展(表 3-4)。

表 3-4　日本氢能产业在不同发展阶段面临的任务

阶段	时间	任务
第一阶段	2014—2025 年	明确氢能战略地位,确定未来建设目标以及具体发展行动计划,制定第四次《能源基本计划》。把氢能作为未来能源发展重中之重,快速扩大氢能使用范围。加速推进氢能技术普及,在占领世界市场的同时实现氢能利用率大幅度提升
第二阶段	2026—2030 年	建成大规模氢能供给体系并实现氢燃料发电;大力投建氢系统,力图建设"氢能社会";进一步扩大氢能需求和氢气来源,从原有的"电—热"能源结构转换成"电—热—氢气"三位一体的新二次能源结构;将日本打造成"氢能社会"模板,向世界推广基于氢能的生产关系和生活方式
第三阶段	2031—2040 年	将制氢与碳捕捉、利用和存储技术(CCUS)结合起来,通过收集和储存二氧化碳,争取实现氢能源从制造、运输到储存全面零排放,完成零碳氢燃料供给体系建设

资料来源:根据日本经济产业省氢能与燃料电池战略协会报告《氢能与燃料电池战略路线图》(水素エネルギー/燃料電池戦略ロードマップ)整理。

3. 日本氢能产业发展具体战略目标

2017年12月,日本经济产业省制定《氢能基本战略》[7],提出未来日本低碳生活愿景,并阐述氢气在该愿景实现过程中的作用。该战略把降低制氢成本作为重点,同时为打破自然资源不足的限制,还提出将建立海外氢能供应体系,在2030年前后建立商业规模供应链,将制氢成本降至333.7日元/kg。《氢能基本战略》提出到2030年实现氢能燃料发电商业化,到2050年氢燃料电池汽车全面普及和燃油汽车全面停售等目标(表3-5)。

表3-5 日本氢能战略目标概要

时间	战略目标概要
2025年	建设加氢站320座,生产氢能轿车20万辆
2030年	构筑国际氢供给链,确立国内可再生能源制氢技术。形成商业化供氢能力30万t/a;制氢成本降至333.7日元/kg;发电成本降至17日元/(kW·h);建设加氢站900座,生产氢能轿车80万辆、氢能巴士1200辆、氢能叉车1万辆,并拓展海外市场,实现家用热电联供分布式燃料电池累计装机量达530万套
2050年及以后	实现零碳排放制氢。氢气供应量达到1000万t以上,主要用于氢能发电;制氢成本降至222.5日元/kg;发电成本降至12日元/(kW·h),并用氢能发电代替天然气发电,以加氢站取代加油站,以氢燃料电池汽车取代传统燃油汽车,以家用热电联供分布式燃料电池取代老式系统

资料来源:根据日本经济产业省报告《氢能基本战略》(Basic Hydrogen Strategy)整理。

2019年3月,日本《氢能与燃料电池战略路线图》被第三次修订[8];修订后的路线图对成本管控目标进行了量化并提出实现目标所需要的具体措施,将削减成本作为氢能推广应用重点,从氢能消费、供应链和全球化氢能市场推广三大维度描绘未来日本"氢能社会"的蓝图。

日本计划全面提升氢气制取、运输、储存、加注一体化供应链能力,降低使用成本和能耗,力争于2025年使氢燃料电池汽车成本降至70万日元/辆,与电动汽车比肩;燃料电池系统成本降至5000日元/kW;储氢系统成本降至30万日元。在加氢方面,大幅缩减加氢站的维修和运营费用,于2025年分别降至2亿日元和1500万日元;加氢站使用的空压机和储氢系统成本于2025年分别降至5000万日元和1000万日元。制氢方面,要大幅提高储氢规模和氢气液化效率;大幅减少电解水制氢能耗,并将电解水制氢装置成本从20万日元/kW降至5万日元/kW。

2021年10月,日本更新第六次《能源基本计划》[9],将氢作为实现能源安全、应对气候变化和2050碳中和目标的主要动力,并将氢能定位为一种新资源,提高氢能在能源结构中的使用占比,力争于2030年实现氢与化石燃料的成本保持同等水平。同时该计划也强调加速氢能的社会应用,把氢能产业培育成为具有国际竞争力的战略性新兴产业,并建立"全球氢能社会"。实现此目标的前提是氢气库存充足且可低价采购,因此日本致力于打造集氢气生产、储运、利用于一体的全球化供应链,建立"全球氢能网络"。

三、韩国——打造氢经济、引领创新增长

氢经济是指以氢为主要能源的经济体系,它可以实现温室气体的零排放和较小的资源开采量,因而对地球环境的破坏程度较轻。与日本类似,韩国同样存在经济发展减缓、能源对外依存度太高、能源结构亟须转型等问题。为促进能源结构转型,寻找能源安全的缓冲区和减压阀,韩国致力于打造氢经济,将氢能作为重要媒介,既提升能源效率,又优化可再生能源电力系统。韩国在氢能上押下巨大的赌注,对汽车、发电、家庭用能等领域的氢能替代都提出了雄心勃勃的规划,目标就是通过发展氢经济,降低能源的对外依存度,在汽车、航运和石油化工等传统制造业中使用氢技术,为这些传统行业吸引新的投资,带来更多就业机会,创造新的经济增长点。

(一)韩国氢能经济发展路线图

2019年1月,韩国产业通商资源部发布《韩国氢能经济路线图》。该路线图覆盖了氢能生产、运输、存储、安全和应用等全产业链,以氢燃料电池汽车、家庭和商业建筑中燃料电池的使用、建立氢能生产-储备-分配体系为重点,为氢能的广泛应用奠定了基础(表3-6)。它展现了韩国政府减碳减排、降低石油依存度、打造经济新增长点的决心,若能顺利实施,则通过发展氢经济,至2040年,韩国每年可减排2373万t二氧化碳,创造43万亿韩元的年附加值和42万个工作岗位。氢经济有望成为经济增长的重要动力。

表3-6 《韩国氢能经济路线图》主要目标

时间	战略目标概要
2022年	实现氢气年供给量47万t,氢气价格为6000韩元/kg,大型固定式燃料电池装机容量扩大至1.5 GW(国产1 GW),向商用和民用领域提供50 MW的燃料电池,加氢站达310座,氢燃料电池轿车产量达8.1万辆,其中销往韩国6.7万辆,氢能巴士2000辆,将氢能出租车推广至主要大城市,先将燃料电池车向公用事业领域的城市垃圾回收与清扫、洒水等方面推广,其后逐步向商业物流等私营领域渗透
2024年	实现氢气年供给量至少526万t,氢气价格控制在3000韩元/kg,大型固定式燃料电池装机容量扩大至15 GW(国产8 GW),向商用和民用领域提供2.1 GW的燃料电池,加氢站增至1200座,氢燃料电池轿车产量达620万辆,其中销往韩国290万辆,氢能巴士41 000辆,氢能出租车80 000辆,氢能卡车30 000辆

资料来源:根据韩国产业通商资源部报告《韩国氢能经济路线图》(*Hydrogen Economy Roadmap of Korea*)整理。

(二)韩国氢能产业发展路径

韩国氢经济发展分为准备期、发展期和引领期三个阶段。为了使韩国在全球氢经济竞争中成为领先国家,韩国政府从自身优势切入,重点在氢燃料电池汽车、加氢站、氢能发电以及氢气生产、存储和运输等方面采取措施,打造氢经济核心竞争力。

1. 以汽车燃料电池技术为切入点,做大做强氢燃料电池汽车产业

氢燃料电池作为全球能源可持续发展和战略转型重要能源装置,已成为全球能源和交通领域发力的重要支撑。韩国政府预计,2050年韩国交通领域氢能需求占比最高可达32%,远高于工业和建筑业的氢能需求。韩国在汽车燃料电池技术方面世界领先,故以此为切入点,发挥其产业优势,做大做强氢燃料电池汽车产业。

2. 发力国内建设与国际贸易,增加氢供应量,构建氢流通体系

在氢能生产方面,韩国发力国内建设与国际贸易,以增加氢供应量,同时在储存和运输环节构建稳定且经济可行的氢流通体系。在国内建设中,氢经济以"副产氢"和"氢提取"为主要方式制氢,并建设相关基础设施,强调液氢生产基地建设。韩国政府计划在庆尚南道、全罗道、忠清北道、忠清南道、江源道五大地区设立中等规模生产基地,到2025年建立40个小规模生产基地,构建稳定的氢供给基础设施,到2030年构建100 MW级绿色氢能量产体系,尽快实现绿色氢能的使用。发展国际贸易是韩国增加氢能供应的一大措施。韩国将加大与澳大利亚、中东等主要氢能生产国家或地区的合作力度,推动氢能贸易发展;在储存和运输环节,采取技术手段,通过多样化存储方法提高储氢效率,加大对管式拖车及输氢管道的利用,降低运输成本;同时以监管改革提升氢运输效率及经济性。

3. 鼓励下游多元应用,实现氢经济向多元领域拓展

韩国政府计划到2040年,普及发电用氢燃料电池装置,使其总发电量达到15 GW(相当于韩国2018年全年发电总量的7%~8%);普及家庭用及建筑用氢燃料电池发电装置,使其总发电量达到2.1 GW。韩国政府还考虑强制要求公共机构和新商业建筑安装氢燃料电池发电装置。此外,韩国政府还在细分领域发力,通过核心技术研发抢占全球标准认证的先机,从而增加其在燃料电池领域的发言权。

4. 优化环境,打造氢经济核心竞争力

在优化氢能产业发展环境方面,韩国政府采取了以下措施:一是在氢能生产、存储、运输、使用的全过程构建切实有效的安全管理体系,提高国民信赖度;制定氢能安全管理专门法令,按照国际标准制定及修订加氢站安全标准,设立氢能安全评估中心;设立氢能安全体验馆,向国民推广普及氢能安全指南。二是提高氢能技术竞争力,制定相关部门共同执行的《韩国氢能经济路线图》,培养氢能安全管理和核心技术开发专业人才,提议15项以上氢能相关国际标准并积极参与国际标准化活动。三是完善支撑氢经济发展的法律基础。四是培育中小型氢能企业。五是构建促进氢经济发展的跨部门推进体系,组建由国务总理主持的"氢经济委员会",成立氢经济专业振兴机构等。[10]

（三）韩国氢经济发展实施具体目标

1. 制定《促进氢经济和氢安全管理法》并提出"绿色新政"计划

《促进氢经济和氢安全管理法》和"绿色新政"计划分别从法律和政策上为氢经济发展提供了指引和支持，为韩国政府促进氢工业发展与市场投资和技术创新打造了稳定平台；同时利用政府资金，采用"建设—转让—租赁"模式解决了氢基础设施缺乏短期盈利能力的问题。

2. 发布氢能产业一揽子发展规划，提高韩国氢能产业的整体竞争力

2021年11月，韩国氢经济委员会发布《氢经济发展基本规划》《加氢站策略部署计划》《氢能港口建设计划》《海洋绿氢生产技术发展计划》《氢能产业自由特区计划》等一揽子氢能产业发展规划，预计到2050年，以100%清洁氢满足韩国每年2790万t的氢能需求并在全国建立2000多座加氢站，届时韩国氢能将占最终能源消耗的33%、发电量的23.8%，成为超过石油的最大能源。

3. 加强国际合作，扩大在韩国国内投资，在氢经济发展过程中抢占先机

在韩国政府政策指引下，韩国各大企业集团快速跟进，包括现代汽车、SK、POSCO、韩华、晓星5家大企业集团在内的韩国企业，计划到2030年在氢能领域投资43万亿韩元[11]。2022年5月25日，由韩国牵头的全球氢能产业联合会成立，该组织以国际会议为平台不断扩大国际合作，在政府和企业之间发挥桥梁作用，秉持政企合一姿态，推动氢经济向前发展。

四、澳大利亚——打造全球氢气供应基地

澳大利亚氢能发展总体战略是大力发展清洁、创新、安全和有竞争力的氢能产业，以新能源制氢、氢发电、氢出口作为重要策略，积极拓展氢能海外供应合作，并与相关国家和企业开展技术合作，力争抢占氢能供应链上游，成为具有国际影响力的氢能出口国。

1. 澳大利亚国家氢能战略——建设亚太氢能出口基地

2018年，澳大利亚发布《国家氢能路线图》，正式布局氢能产业。同年，首席科学家阿兰·芬克尔领导的氢战略小组发布《澳大利亚未来之氢》报告。以上路线图和报告描绘了澳大利亚氢能产业的未来发展蓝图，即在2030年实现煤制氢商业化生产，并打造完整的氢能产业链条，实现氢能的规模化出口，使澳大利亚成为全球领先的氢能供应国。

2019年，澳大利亚政府发布《澳大利亚国家氢能战略》，确定了15项发展目标（表3-7）、57项联合行动（表3-8），力争到2030年将澳大利亚打造为面向亚洲的三大氢能出口基地之一，同时在氢安全、氢经济以及氢认证方面走在全球前列。按照快速发展情景设定，澳大利亚氢能项目装机容量到2025年和2030年将分别达到100～300 MW和500～1000 MW，到2050年氢能产业将创造1.7万个工作岗位，产值达到260亿美元。

表 3-7　澳大利亚国家氢能战略发展目标

序号	衡量标准	2030 年发展目标
1	清洁	澳大利亚制氢的碳强度满足区域低碳发展的需要和氢能客户的期望,并随着时间的推移而下降
2		澳大利亚拥有国际认可、健全的氢能原产地保证计划
3	创新	澳大利亚被认为拥有高度创新的氢工业和支持性的研发环境
4		澳大利亚制氢用水的可持续性不断提高
5	安全	澳大利亚在与氢相关的安全方面有着良好的记录
6	竞争性	澳大利亚生产的氢气在国内和国际上都具有成本竞争力
7		澳大利亚拥有一支制备氢气的高效劳动力队伍,能够满足工业需求
8	就业和繁荣	氢工业的经济效益不断提升,带来大量就业机会
9	支持社区	氢工业所在的社区从中受益
10	国内市场	得益于技术的发展及氢气出口工业发展规模的扩大,清洁氢的成本持续下降
11		氢的生产和使用被整合到能源市场结构中
12	氢出口	澳大利亚成为面向亚洲的三大氢能出口基地之一
13	投资者信心	澳大利亚被视为国际投资者在氢领域的首选目的地
14		澳大利亚与进口国签订重大的承购或供应链协议
15	氢能力	澳大利亚已经在供应链的各个环节展示了其氢能力

资料来源:根据澳大利亚政府能源委员会报告《澳大利亚国家氢能战略》(*Australia's National Hydrogen Strategy*)整理。

表 3-8　澳大利亚国家氢能战略具体行动

具体行动	行动数量/项
循序渐进发展清洁氢产业	4
举行大型市场活动	3
氢能枢纽耦合	2
评估氢基础设施需求	2
支持供应链沿线的研究、试点、试验和示范	3
在澳大利亚天然气网络使用清洁氢	5
在交通运输领域应用氢能技术	7
监管响应	3
遵循政府统一监管的法规原则	1
氢项目规划和监管审批的协同	1
将氢气融入能源市场	3

表 3-8（续）

具体行动	行动数量/项
氢在安全、廉价的能源供应中发挥作用	3
氢的税收和其他费用的确定	2
建立市场的双边伙伴关系	2
氢认证	4
区域共识和参与	2
负责任的产业发展	1
为氢经济发展提供技能培训	4
提供紧急情况氢能安全培训服务	1
氢能监管培训	1
国家协调	3

资料来源：根据澳大利亚政府能源委员会报告《澳大利亚国家氢能战略》(*Australia's National Hydrogen Strategy*)整理。

2. 澳大利亚国家氢能战略的关键要素——创建氢能枢纽

推进氢能产业的规模化发展是澳大利亚成为具有全球竞争力的氢气供应商的关键，而创建氢能枢纽是实现规模化的途径（图 3-1）。通过将不同的使用者聚集在一个区域，可以最大限度地降低基础设施成本，强化生产、运输、储存、使用的规模效应，汇集技术创新人才，从而提高效率并从部门耦合中实现协同增效。创建氢能枢纽一方面可以促进国内需求，另一方面还将提升澳大利亚的氢能出口能力，使澳大利亚成为全球领先的氢参与者。

3. 澳大利亚各州氢能战略

澳大利亚各州相继制定专项计划。昆士兰州政府耗资 1900 万美元启动可持续氢能战略；西澳大利亚州发布可再生氢能战略，设立 1000 万美元绿色氢能基金并且开始将绿氢注入天然气管道中；南澳大利亚州是第三个启动绿色氢能行动计划的州。国际能源署预测，到 2030 年，澳大利亚的氢能出口将为国民经济贡献 17 亿美元，提供 2800 个就业机会[12]；到 2050 年，将创造成千上万个新的工作岗位，并带来数十亿美元的经济增长。

4. 澳大利亚氢能产业发展路径

澳大利亚《国家氢能路线图》系统分析了澳大利亚氢能产业链上不同环节（如制备、存储及运输、终端应用等）中主要技术的发展现状和存在的问题，以及氢能产业发展面临的挑战，提出了针对性的研发和发展政策建议，针对不同研究方向制定了 2018—2025 年和 2025—2030 年研究计划（表 3-9）。

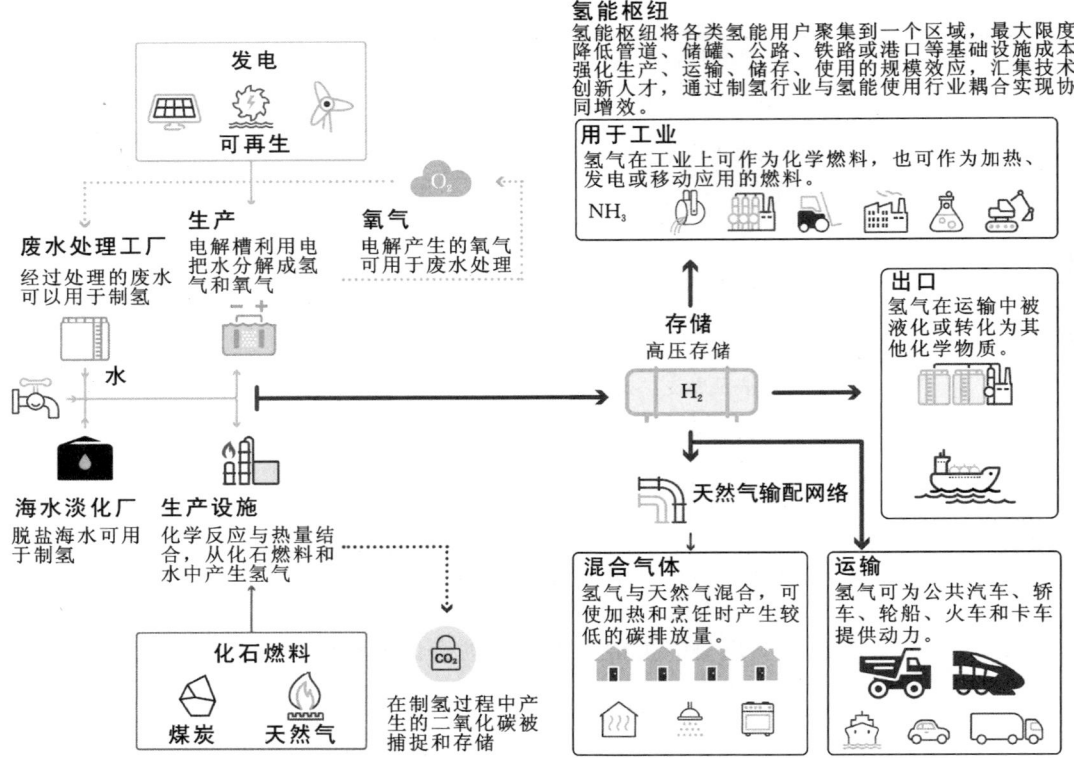

图 3-1　澳大利亚氢能枢纽示意图

资料来源：根据澳大利亚政府能源委员会报告《澳大利亚国家氢能战略》(Australia's National Hydrogen Strategy)整理。

表 3-9　澳大利亚氢能产业链研究计划（2018—2025 年和 2025—2030 年）

氢能产业链	2018—2025 年	2025—2030 年
氢制备	在热化学制气方面，增强水和二氧化碳分离效果，进一步实现研究过程的集约化；在电化学制气方面，开发高效催化剂、低阻力膜以提高质子交换膜效率；在催化剂和防腐蚀技术等方面加大研发力度，提高电解池使用寿命；降低生产成本；推进新兴的高温电解技术等	在热化学制气方面，研发新技术，如化学循环、甲烷裂解、生物质气化等；进行二氧化碳储层评估和演示
氢储运	研究管道材料及其操作压力；提高氢气的压缩效率；开发液化催化剂、冷却剂和材料；重点研究适合氨裂解的更廉价催化剂及性能优异的电化学反应；调查用于氢气存储的盐穴储气库并测试枯竭的气体库	在规划地区铁路交通网络时考虑氢能运输的需要

表 3-9（续）

氢能产业链		2018—2025 年	2025—2030 年
氢应用	氢燃料汽车	利用大学和政府旗舰项目的示范性，扩大加氢站的适用范围；对加氢站进行持续的测试和优化	
	偏远地区电力系统（remote area power system，RAPS）	在特定区域开展可行性研究；在采矿活动中示范 RAPS；研发氨/氢涡轮机和可充电燃料电池	
	工业原料	将氢气作为生产原料植入现有的工厂生产中；研究氨存储氢技术	利用氢气还原铁矿石以制备钢铁
	出口	大力研发氢气的生产、存储和运输等技术	
	电网	研发燃料电池，降低资金成本并提升电池堆的寿命	
	供暖	研发能 100%产氢的设备；在指定城镇进行设备升级的可行性研究；在指定城镇开始试点项目；在工业现场展示氢气使用	氢能家电产品的协调推出
	合成燃料	提高可逆水煤气转换反应的效率	

资料来源：根据澳大利亚联邦科学与工业研究组织报告《国家氢能路线图》（National Hydrogen Roadmap）整理。

澳大利亚工业、科学、能源与资源部公布的氢能产业发展路径显示（表 3-10），澳大利亚采用适应性发展路线方法对未来氢能产业发展路径进行规划，以确保氢能产业的持续发展和良性循环。

表 3-10 澳大利亚氢能产业发展路径

发展路径	具体实施目标
为实现碳减排优先考虑氢能	澳大利亚长期减排计划中重要的一部分是清洁氢的发展。澳大利亚政府发布的《技术投资路线图》的优先延伸目标是将清洁氢的生产成本控制在 2 美元/kg 以下
通过国际合作加大氢气的出口供应力度	澳大利亚期望合作的国家有德国、新加坡、日本、韩国、英国、印度、美国等。与德国、日本、韩国和新加坡合作研究氢气供应链，与新加坡和英国合作研究和开发低碳排放技术，与印度合作降低清洁氢的成本。同时，澳大利亚作为美国氢安全中心的成员，还将开展有关氢安全的实践
实施原产地保证计划	澳大利亚在与业界合作的同时，与客户达成一致的原产地保证计划。该计划告知如下信息：与客户购买的氢气相关的碳排放及其制造过程中使用的技术的来源和类型
建立地区清洁氢能工业中心	澳大利亚的氢能中心是氢气用户、生产商和潜在出口商位于同一地点的地区。通过减少基础设施需求来降低成本，使氢能中心得以大规模生产氢气。澳大利亚拟发展 7 个氢能中心

表 3-10（续）

发展路径	具体实施目标
改善氢能监管	澳大利亚正在审查其监管框架，以更好地支持氢能产业的发展；与州和地区政府合作，评估影响氢能行业的联邦、州和地区法律；确定澳大利亚氢气项目的监管障碍并提出解决方法
通过多方支持来推动氢能产业发展	与澳大利亚联邦科学与工业研究组织合作，支持研究人员进行氢研发合作以推动氢能产业发展

资料来源：根据澳大利亚工业、科学、能源与资源部报告《2021年氢能现状》(State of Hydrogen 2021)整理。

2022年，澳大利亚工业、科学、能源与资源部发布《2021年氢能现状》报告[13]，该报告基于《澳大利亚国家氢能战略》中的13个发展信号对澳大利亚氢能产业2025年、2030年的发展进程（分为"快速发展""发展"和"缓慢发展"三个等级）进行了预测评估（表3-11）。报告指出，目前澳大利亚氢能供应链仍需开发，未来几年，澳大利亚氢能战略目标将继续围绕完善国际氢能供应链展开，通过积极展开国际合作以塑造国际市场，同时与相关企业开展联合技术创新、扩大供应能力、支持氢能中心计划以刺激国内氢需求，并为国内和出口市场生产清洁氢，从而实现将制氢成本降至2澳元/kg的目标。

表 3-11 澳大利亚未来氢能产业发展进程评估

发展指标	2025 年	2030 年
投资	快速发展	发展
项目规模	快速发展	快速发展
成本竞争力	快速发展	发展
出口	发展	发展
化工原料	快速发展	快速发展
炼钢	缓慢发展	缓慢发展
电网支持	缓慢发展	缓慢发展
矿业及离网应用	发展	缓慢发展
发电	快速发展	发展
轻型交通	缓慢发展	缓慢发展
重型交通	缓慢发展	缓慢发展
天然气网络	发展	发展
工业供热	发展	发展

资料来源：根据澳大利亚工业、科学、能源与资源部报告《2021年氢能现状》(State of Hydrogen 2021)整理。

五、欧盟——能源转型和深度脱碳

近年来,欧盟逐步建立以氢能为中心的清洁能源战略规划布局。2020年6月以来,德国、法国、西班牙等成员国的国家级氢能战略频频出台,将绿氢视为能源转型成功的关键载体,积极支持扩大绿氢市场。2022年2月,俄乌冲突爆发,进一步加速欧盟国家能源转型步伐,安全性成为当前欧盟政策制定者的首要考虑因素,可再生能源和氢能在确保能源安全方面的作用变得更加清晰。

(一)欧盟氢能产业战略整体布局

2019年2月,欧洲燃料电池和氢能联合组织(FCHJU)发布《欧洲氢能路线图:欧洲能源转型的可持续发展路径》[14],提出2020—2050年的氢能规划:到2030年,欧洲氢能将得到较为广泛的应用,氢气将会取代7%的天然气,预计欧洲氢能产值将达到1300亿欧元,净出口额将达到500亿欧元;到2050年,欧洲能够生产大约2250 TW·h的氢气,相当于欧盟总能源需求的1/4,氢能产值将突破8000亿欧元并提供540万个工作岗位。

2020年7月,欧盟委员会推出《欧洲气候中立氢能战略》,提出将绿氢作为未来发展的重点。该战略分为三个发展阶段,欧盟委员会为每个阶段均设定了目标(表3-12)。2022年5月,欧盟发布的"REpowerEU"计划再次明确了2030年绿氢产量达到1000万t的目标。同时,欧盟还宣布了大型的融资计划以支持氢能发展,其目的是鼓励欧盟各成员国加大氢能技术研发力度,扩大绿氢产量。

表3-12 欧盟氢能战略的三个阶段

阶段	时间	目标
第一阶段	2020—2024年	降低现有制氢过程中的碳排放量并扩大氢能应用领域,将其从现有的化学工业领域扩展到其他领域。此阶段计划于2024年前在欧盟建成装机容量至少为6 GW的可再生氢电解槽,绿氢年产量达到100万t
第二阶段	2025—2030年	使氢能成为综合能源系统的固有组成部分。计划建成装机容量至少为40 GW的可再生氢电解槽,将绿氢产量进一步提升至1000万t。氢能的应用领域将逐渐扩展到诸如钢铁冶炼、卡车、轨道交通以及海上运输等新领域。在这一阶段,氢能仍将在靠近应用端或者可再生能源资源丰富的地区生产
第三阶段	2031—2050年	绿氢技术将逐渐成熟,并大规模部署,以覆盖所有脱碳难度系数高的行业

资料来源:根据欧盟委员会报告《欧洲气候中立氢能战略》(*A Hydrogen Strategy for a Climate-Neutral Europe*)整理。

(二)德国氢能产业战略整体布局

作为欧盟发展氢能最具代表性的国家,德国在应用场景和产业化布局上处于全球领先地位。德国将氢能作为能源安全和低碳转型的保障,同时注重与其他可再生能源协同发展,以此加快布局氢能产业链。德国政府明确将氢能作为重型运输、工业原料和建筑等"难脱碳"领域的唯一选择,以提升工业竞争力。在技术方面,得益于欧洲燃料电池和氢能联合组织(FCHJU)以及"氢燃料电池国家创新计划"项目的支持,德国确立了在氢燃料电池领域的技术领先地位。

2020年,德国联邦经济与能源部发布《国家氢能战略》,明确了发展绿氢的终极目标,以期成为绿氢的技术领先者。预计到2030年,德国本土的氢能需求将达到90~110 TW·h,德国国内将建成装机容量为5 GW的可再生能源电厂;到2040年,德国可再生能源的总装机容量将达到10 GW。为顺利实施氢能战略,德国政府在制氢和氢应用领域制定了38项措施(表3-13),争取2030年在国内市场推广这些措施,并加大力度向全球市场推广制氢技术。

表3-13　德国国家氢能战略38项措施

行动方面		具体措施
氢气制取		提升可再生能源制氢效率,为电解水制氢价格制定财税优惠措施;探索新商业模式,并完善监管;加大对可再生能源电解水制氢系统的投资;加快推进海上风电制氢的研究示范
产业支撑	研究与创新	制定德国联合氢能路线图;开展绿氢示范应用;开展"氢能技术2030"专项研究;设立氢能政策建议咨询项目;支持欧洲氢能"飞行轨迹2050"航空研究计划;推进氢能"绿色海运"研究项目;强化氢能公共教育与培训
	推动欧盟氢能项目建设	支持标准法规的制定;建设欧洲共同利益重要项目;实施欧盟氢能倡议;建立泛欧盟合资公司
	国际合作	建立能源伙伴关系,推动先进氢能技术的出口;推进与氢能国际组织的合作;开展国际合作示范项目;开展伙伴国试点项目;加强与化石能源出口国及重点企业的对话
应用	交通运输	利用绿氢替代传统燃油;持续实施"氢燃料电池技术国家创新计划";开发和自主生产电基燃料(特别是电基煤油)和高级生物燃料的设备;推动加氢基础设施建设;鼓励氢能交通工具参与跨境运输;支持建立具有成本竞争力的燃料电池系统供应链;支持零排放车辆的部署;倡导以碳排放为计量基础的卡车通行费差异化;倡导氢能标准国际化与统一化
	工业原料/燃料生产	推动清洁氢在钢铁、化工领域作为工业燃料使用;对电解设备的运营提供支持;增强对借助低排放工艺和用氢生产的工业产品的需求;制定钢铁、化工、物流、航空业等领域的长期脱碳战略

表 3-13(续)

行动方面		具体措施
应用	供热	持续执行能源效率激励计划;为氢能热电联产系统部署提供资金支持
	基础设施建设	对现有基础设施进行评估;加强电网、天然气管网和供暖基础设施的协调性;按需新建基础设施

资料来源:根据德国联邦经济与能源部报告《国家氢能战略》(The National Hydrogen Strategy)整理。

(三)欧盟氢能产业发展路径

2021年4月7日,氢能欧洲(Hydrogen Europe)行业协会组织发布《氢能法案:创造欧洲氢经济》报告,旨在协调和整合所有氢能相关行动和立法以充分发挥氢能潜力。该报告主要由氢能基础设施法案和氢能市场法案两方面组成,提出了欧洲氢经济发展"三步走"的具体实施路径(表3-14)。

表 3-14 欧洲氢经济发展的三个阶段

时间	阶段	主要目标
2021—2025年	启动阶段	启动阶段将奠定欧洲氢经济的基础。启动阶段结束时,欧盟清洁氢产量将达到100万t/a
2025—2035年	提升阶段	提升阶段的主要目标是实现氢能的商业竞争力。建立泛欧氢能基础设施主干以实现氢生产、储存和需求的大规模连接;通过设定生产关税促进氢生产;投资支持刺激氢需求等
2035—2050年	市场增长阶段	市场增长阶段将需要加强对氢能的监管。将大部分天然气基础设施转化为氢能设施;形成价格由供需决定的成熟氢能市场

资料来源:根据氢能欧洲行业协会组织报告《氢能法案:创造欧洲氢经济》(Hydrogen Act: Towards the Creation of the European Hydrogen Economy)整理。

1. 启动阶段

此阶段重点在项目示范,例如欧洲清洁氢能联盟项目、欧洲共同利益重要项目、氢谷项目、混合氢项目、输氢管道以及储氢试点项目。优先考虑支持的示范项目类型为商业化、规模化和有助于提高欧洲竞争力的研究、开发和示范项目。符合国家能源和气候计划并在复苏基金计划下提交的项目将有助于大幅增加氢气产量和需求。为促进项目数量增长,欧盟委员会和成员国应当全力提供支持。

启动阶段将奠定欧洲氢经济的基础。预计在2025年,欧盟的清洁氢产量将达到100万t/a,安装至少6 GW电解槽。由于缺乏明确且统一的框架,欧盟在氢能应用领域的竞争力有待加强,各国应统一对氢能重要性的认识,鼓励出台适当条款,确保欧盟相关立法能够适用,同时消除氢能的部署障碍。

2. 提升阶段

此阶段重点是通过推动欧洲氢经济发展的关键要素，提升氢能的商业竞争力。建设大规模氢气储存和氢能基础设施主干，实现氢能专用解决方案，同时采取适当措施来刺激供应和需求。对于大多数氢能应用，应采用监管措施来支持，包括拍卖、招标、投资支持、税收减免等。在提升阶段结束时，大多数氢能生产和应用企业应具有一定的商业竞争力。

3. 市场增长阶段

在氢能获得商业竞争力后，前期阶段的许多支持框架将不再适用。此阶段将继续通过推进天然气管道向运氢管道转变，以及进一步整合欧洲氢能系统来替代化石燃料。氢能市场将是透明和流动的，价格制定将主要由供求机制来控制。随着网络集成的深化，须制定市场规则，以避免垄断行为的发生，使氢能市场逐步形成公平博弈的环境。

从主要国家的氢能战略来看，氢能产业的发展主要包括市场培育、持续增长、成熟发展和市场建立四个阶段（表3-15）。2020—2030年可视为市场培育阶段，该阶段内技术研发与示范对氢能产业规模的增长影响巨大，各国均构建了各具特色的氢能与燃料电池研发体系，通过技术开发与示范、基础设施建设、氢能需求增加达到激活市场的效果。2030—2040年为持续增长阶段，大多数国家都计划依托前期示范成果建设大规模氢能利用体系，例如德国10 GW电解槽装机计划、欧盟500 GW绿氢行动计划、韩国大规模氢能供应计划等，以促进氢能大规模商业化利用。2040—2050年氢能产业步入成熟发展阶段，氢能产业市场基本建立[15]。2050年及以后为市场建立阶段，美国、日本、韩国、澳大利亚、德国等国的氢经济目标基本实现。

表3-15 主要国家氢能产业发展阶段

时间	美国	日本	韩国	澳大利亚	德国
2020—2030年（市场培育阶段）	以加州为范本进行技术示范	氢能技术开发、示范与规模化	提升氢能供应与消耗量（车用）；技术开发与示范	进行氢能基础设施建设与示范；实现氢能市场激活	加速国内市场启动
2030—2040年（持续增长阶段）	区域氢能中心建设	氢能初步商业化（氢能进口、燃料电池等）	具备成本竞争性的氢能大规模生产，持续推进氢能利用	成为全球氢能市场头部玩家	完成10 GW电解槽装机，推进全领域氢能应用
2040—2050年（成熟发展阶段）	大范围规模化清洁氢能利用	零碳氢能技术持续突破，氢能实现大规模利用	通过氢能技术领先带动经济增长	以氢能为代表的低排放技术推动出口额增长	大规模清洁氢能利用与国际市场占领
2050年及以后（市场建立阶段）	实现氢经济目标	实现"氢能社会"	实现氢经济蓝图	成为氢能全球出口商	达成温室气体中和目标

第二节 国际氢能产业发展态势

一、美国

美国氢能技术产业链完善,为确保在新兴技术领域的领先地位,美国十分重视氢能产业链上下游的相关技术培育,涉及氢气的生产、储运,燃料电池制造,燃料电池汽车的研发推广以及加氢站基础设施建设等。下面将从产业链的视角,重点介绍美国氢能产业发展的主要成果,引用数据均源自美国能源部替代燃料数据中心(Alternative Fuels Data Center,AFDC)。

(一)氢制备

在氢气来源方面,目前美国大约80%的氢气来源于天然气重整,其余大部分为石油炼化工业副产氢。在制氢方面,美国有技术领先的PEM电解水制氢公司。至2021年6月,美国在运营的电解水制氢项目装机容量已有17 MW,输氢管道容量为1.4 MW(300 MW在建或已承诺资金投入)。另外,还有装机容量合计120 MW的电解水制氢项目正处于早期开发阶段,将于2030年上线运行。

(二)氢储运

截至2022年,美国拥有全球一半里程的输氢管道,运营15座以上液氢工厂,总产能超过326 t/d,居全球首位。美国拥有的空气产品公司(Air Products)、普莱克斯公司(Praxari)等是世界先进的氢能储运气体公司,它们掌握着液氢储气罐、储氢箱等核心技术。

(三)基础设施建设

截至2021年底,美国运营中的加氢站总计有67座。其中,位于加州的52座加氢站中有47座对公众开放。在对公众开放的加氢站中,有39座可实现35 MPa和70 MPa双压力加注服务,另外8座仅提供70 MPa加注服务。在加氢站分布方面,美国重视与氢能应用场景结合,旧金山和洛杉矶的氢能行业发展较为成熟,形成了当地特有的氢能产业生态圈。在氢气来源方面,对公众开放的47座加氢站中有40座采用站外运氢方式,另有7座采用站内制氢方式。

随着持续利好的氢基础设施建设政策的支持,加州加氢站数量仍有很大的增长空间。加利福尼亚州燃料电池联盟(California Fuel Cell Partnership,CaFCP)计划在2025年底建成加氢站200座,2030年建成1000座。截至2021年12月,美国加氢站主要运营公司包括真零(True Zero)公司、壳牌(Shell)公司、岩谷(Iwatani)公司、法国液化空气(Air Liquide)集团、空气产品(Air Products)公司、氢能技术与能源公司(HTEC)等。其中,真零公司建设的加氢站最多,规划了32座,正在运营的有28座;其次是壳牌公司,规划建设了13座,正在运营的有7座,如图3-2所示。

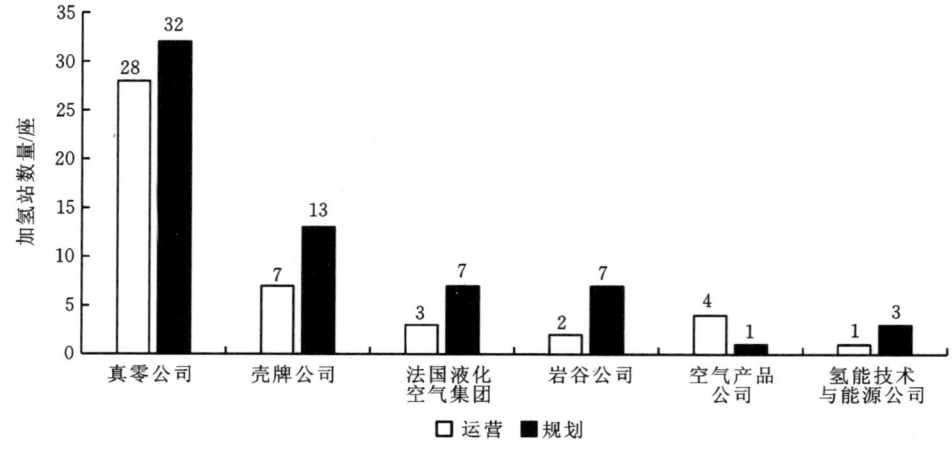

图3-2 美国加氢站运营及规划数量

数据来源:根据Alternative Fuels Data Center Hydrogen fuelling station数据整理。

(四)燃料电池

美国燃料电池乘用车和叉车保有量领先全球。截至2021年底,美国氢燃料电池汽车销售量为3341台,占全球销量的20.5%,较2020年激增2.5倍;保有量占全球25%,位居世界第二[16]。此外,美国拥有世界最大的燃料电池叉车企业普拉格能源(Plug Power)公司,目前已有超过2万辆燃料电池叉车。其中加利福尼亚州是全球燃料电池乘用车主要集中地,也是全球燃料电池车推广最为成熟的地区。

(五)氢能示范项目

目前美国联邦政府及各州政府均有正在建设中的氢能应用项目及相关示范利用,典型试点包括加利福尼亚州兰开斯特项目和H2@Scale研究与开发项目等。加利福尼亚州兰开斯特项目是由国际能源公司SGH2在兰开斯特市启动的世界上最大的绿色制氢项目。SGH2兰开斯特工厂利用回收的混合废纸生产绿氢,每日产量达11 000 kg。2020年7月,美国能源部发布H2@Scale研究与开发项目的提案,旨在通过投资与美国能源部国家实验室的合作研究开发协议项目来增加工业界和利益相关者对H2@Scale项目的参与,研发可负担得起的氢气生产、储存、分配和使用技术。

（六）氢能代表企业

1. 转战氢能"制、储、用"的内燃机巨头——康明斯公司（Cummins Inc.）

康明斯公司成立于1919年，总部位于美国印第安纳州哥伦布市，是全球领先的动力设备制造商，目前业务涵盖了发动机、分销服务、零部件、动力系统和新能源五个部分，其中，柴油动力业务广为人知，最具行业影响力。2022年，康明斯公司的营业收入、净利润和销售毛利率均有小幅增长。从其营收构成图可以看出，分销服务、发动机和零部件业务是该公司主要的营收来源，特别是零部件业务的占比明显增加（图3-3）。

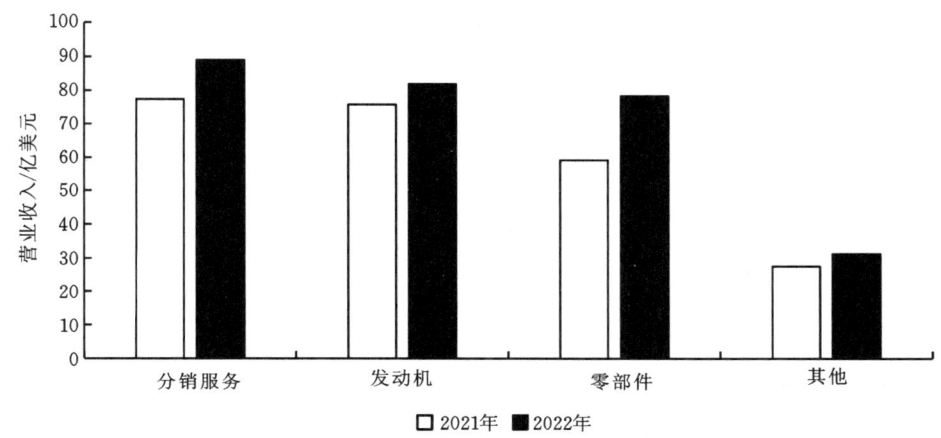

图3-3　2021—2022年康明斯公司营收构成

数据来源：根据百度股市通康明斯财务数据整理。

燃料电池作为柴油动力最具前景的替代品之一，是公认的高效、清洁的绿色能源装置。在全球动力电气化、能源清洁化发展趋势确立的背景下，康明斯的传统内燃机业务作为运输行业的重要组成部分，是技术进步的主战场，也是落实"双碳"目标的重要着力点，其业务转型势在必行（表3-16）。

表3-16　康明斯燃料电池技术布局安排

时间	具体措施
2003年	康明斯为美国能源部开发了一个固体氧化物燃料电池（solid oxide fuel cell，SOFC）系统，展示了其满足卡车辅助动力装置要求的能力
2014年	康明斯与Ad Astra Rocket公司、法国液化空气（Air Liquide）集团一道探索燃料电池试点项目"Nyuti"——哥斯达黎加乃至中美洲第一个氢燃料运输系统的开发。其中，康明斯与合作伙伴联合开发并测试了一款能够使用绿氢和沼气混合物运行的发动机原型。该项目的第一阶段证明了技术可行性，第二阶段在两辆公交车上安装康明斯电动动力总成和燃料电池动力系统，旨在证明财务可行性

表 3-16（续）

时间	具体措施
2017 年	康明斯和微软宣布成立高级能源实验室，评估 SOFC 作为未来数据中心的电源是否具有提高效率、减少碳排放和削减成本的潜力
2018 年	康明斯加入了世界氢能委员会这一全球氢能发展平台以提升其影响力，并在 10 月与 Ad Astra Rocket 公司合作开发燃料电池公交巴士
2019 年	2019 年 9 月，康明斯在法国液化空气集团的支持下完成对加拿大水吉能（Hydrogenics）公司的并购，实现快速进入氢动力行业的战略布局。通过收购，康明斯拥有了 PEM 电解水制氢和碱性电解水制氢的技术、产品和服务能力，在短时期内成功跨入国际电解槽、燃料电池技术领先者行列。同月，为打造氢能技术矩阵和产品线，康明斯持续在氢能科技领域公司布局，入股了加拿大另一领先的中重型运输应用的燃料电池增程器供应商路普能源（Loop Energy）公司，与现代汽车公司签署谅解备忘录，并投资于固态氧化物燃料电池的开发。2019 年 11 月，康明斯将电力部门更名为"新能源动力事业部"，以更好地代表收购水吉能公司所带来的燃料电池和制氢技术的结合。新能源动力事业部包括电力、燃料电池和制氢技术板块，其中后者正式成为其核心发展板块
2020 年	2020 年 6 月，康明斯与氢储运企业 NPROXX 签署合资协议，新合资公司将继续以 NPROXX 的名义经营（康明斯占股 50%），为客户提供应用于道路和轨道的氢气和压缩天然气存储产品
2021 年	2021 年 7 月，康明斯宣布已开始氢燃料内燃机开发的前瞻测试，旨在进一步探索先进零碳技术发展的新路径。此外，康明斯还与纳威斯达、空气产品等公司携手推动燃料电池重型卡车应用
2022 年	2022 年 4 月，康明斯子公司 Hydrogenics Europe N.V.与法国氢能出行公司 Hysetco 签署协议，将为 Hysetco 提供 2.5 MW 电解水制氢设备。同年，康明斯成功为许多氢能领域的"第一"提供动力；为加拿大贝坎库尔目前正在运行的全球最大的 20 MW PEM 电解水制氢设备提供动力，日产氢 864 t；在欧洲营运世界上第一辆氢动力客车；为位于比利时安特卫普的全球首个船舶、汽车、卡车和工业用绿氢加氢站提供动力；通过位于美国明尼苏达州 Fridley 的吉瓦级工厂和西班牙工厂（在建），提高全球电解水制氢设备的生产制造能力
2023 年	2023 年 3 月，康明斯新能源动力事业部启用全新品牌 Accelera，专注于发展零碳动力解决方案，包括燃料电池、电驱桥、牵引及传动系统和电解水制氢设备等五条产品线。Accelera 的使命是促使全球重要行业快速迈向可持续发展的未来。同时，Accelera 宣布启动多个零碳项目：为加拿大碳回收技术公司（Varennes Carbon Recycling）位于加拿大魁北克省的工厂提供 90 MW PEM 电解水制氢系统；与蓝鸟汽车在未来 12～18 个月加速生产 1000 辆电动车，以组建新的校车车队

康明斯先后收购了美国通用电气公司的固体氧化物燃料电池业务和加拿大水吉能公司81%的股份，投资加拿大路普能源公司，与NPROXX公司组建股份合资公司，与现代汽车公司签署谅解备忘录，实现制、储、运、用的一体化发展，氢能业务覆盖全球，形成了电解槽、燃料电池和储氢罐三类主打产品（表3-17）。其中，在电解槽和燃料电池方面，水吉能公司已推出成熟产品，并有较为丰富的应用案例；储氢罐业务则具体由参股子公司以NPROXX的名义负责开展。

表3-17 康明斯主打产品

产品	具体表现
电解槽	康明斯电解槽包括HyLYZER®PEM电解槽和HySTAT®碱性电解槽两个产品系列。其中HyLYZER®PEM电解槽额定功率规格为1~20 MW，而HySTAT®碱性电解槽额定功率规格在50~500 MW。截至2023年3月，康明斯在全球已累计部署了超过600个电解槽项目。经过长期的市场验证，康明斯凭借先进的电解槽技术为市场提供了高效、低成本的电解水制氢解决方案，并因具有高安全性、高生产效率和投资回报率等诸多优势而成为行业的标杆。康明斯电解槽项目主要分布在德国、挪威、英国、意大利、比利时等欧洲国家和美国、加拿大；项目装机容量一般为1~2 MW；配套电转气技术、加氢站等多种应用类型
燃料电池	康明斯同时拥有质子交换膜燃料电池和碱性燃料电池两种技术路线产品，并于2019年开始投资固体氧化物燃料电池业务。康明斯的燃料电池产品主要应用于电动交通工具，具体如氢燃料电池列车、氢燃料重型卡车、城市通勤车、电动叉车、氢燃料船等，以及独立电动动力工厂配置的燃料电池备用发电系统
储氢罐	康明斯与NPROXX公司合作研发的车载储氢罐，在2022年汉诺威车展中与中型概念卡车一同亮相。据了解，中型概念卡车底盘集成了2个储氢罐，共可储存约40 kg氢气；此外，车辆还可安装1个辅助储氢罐，储氢量约10 kg。大容量的储氢系统，结合B6.7H氢内燃机高效的缸内直喷稀薄燃烧技术，使得车辆续航里程可达到500 km，极大地满足了中短途运输需求

与其他进军中国的国际氢能企业相比，康明斯最大的特点可能在于其深度的本土化战略。该企业依靠强大的本地研发和规模化生产制造能力，满足中国市场的需求（表3-18）。到目前为止，康明斯在华设有25家制造企业，拥有员工12 000多名，生产发动机、发电机组、交流发电机、滤清系统、涡轮增压系统、排放处理系统、燃油系统、氢能制造、存储及燃料电池等产品；还有18家省级客户支持中心，以及2000多家授权经销商。中国已经成为康明斯全球规模最大、增长最快的海外市场之一。

表 3-18　康明斯中国本土化氢能布局

时间	具体措施
2020 年 10 月	康明斯与中国石化集团资本有限公司发起的恩泽基金签署合作意向书,共同促进电解水制氢技术的开发及推广
2021 年 1 月	康明斯东亚研发中心新基地项目在湖北武汉奠基启动。新基地引进氢燃料电池技术,配备最新燃料电池实验室、动力电池实验室等,确保康明斯具有全线动力解决方案的研发能力,满足多元化的技术升级需求
2021 年 5 月	康明斯在华第一个氢能源工程中心于武汉开业,中心具备燃料电池发动机试制、氢气管路试制、涉氢零部件测试以及燃料电池性能测试等行业先进设备及能力
2021 年 9 月	康明斯氢能中国总部落地上海自贸区临港新城片区,项目将打造康明斯氢能中国区总部、新能源研发中心及制造基地,涵盖电解水制氢装备电堆、燃料电池发动机及其核心零部件、高压储氢瓶系统等业务,项目计划实现产值 100 亿元。同月,康明斯中标中国石化第一个大型兆瓦级 PEM 电解水制氢项目——乌兰察布三峡集团产业园区 2.5 MW 制氢设备项目,年产氢量约 340 t,标志着中国石化在绿氢领域的重大突破
2021 年 11 月	康明斯中标中国石化中原油田 2.5 MW PEM 电解水制氢示范项目,将为其提供 1 套电解水制氢系统
2021 年 12 月	康明斯与中国石化集团资本有限公司共同出资成立康明斯恩泽(广东)氢能源科技有限公司(简称"康明斯恩泽")。合资公司落地广东省佛山市南海区,产线将生产康明斯 HyLYZER 系列 PEM 电解水制氢设备,一期装机容量为 500 MW,已于 2022 年建成并实现量产,后续可根据市场需求扩大到吉瓦级
2022 年 9 月	康明斯 PEM 电解水制氢设备顺利抵达三峡源网荷储研发试验基地,作为国内目前在建最大的 PEM 电解水制氢设备及系统项目,其进展受到业界的广泛关注
2023 年 4 月	康明斯恩泽 PEM 电解水制氢设备制造基地在佛山南海正式投产,首台本地化产品 HyLYZER©-1000 上线,PEM 装备零部件可实现 100%国产化。该基地的投产标志着康明斯已构建起完备的 PEM 制氢设备本地化生产制造、研发测试及全生命周期的定制化服务能力,将加速推动中国绿氢的大规模应用和"双碳"目标达成

2. 全球最大氢气供应商——空气产品公司

空气产品公司(Air Products,简称"AP 公司")于 1940 年成立于美国特拉华州,是一家世界领先的工业气体供应商,也是全球最大的氢气生产商和超大型氢能综合项目的先行者,拥有 65 年的氢气运营经验和多项氢燃料加注专利技术,能提供涵盖氢能"制—储—

运—加"全产业链的解决方案(表3-19)。该公司参与了全球20多个国家和地区的250多个加氢站项目,其成熟且可靠的加注技术每年用于超过150万次的加氢操作。

表3-19 AP公司氢能全产业链布局

产业链环节	具体表现
制氢	AP公司是全球最大的氢气生产商,每年氢气产量超过290万t,拥有氢膜回收现场制氢、能源炼化制氢、变压吸附制氢、蒸汽甲烷重整制氢等先进的制氢技术,最高可以提取纯度为99.999%的氢气,参与了30多个电解制氢项目,并拥有世界上最强的液氢生产能力,每日液氢产量超过190 t。2022年10月,AP公司宣布计划投资5亿美元,在美国纽约马塞纳打造一座日产35 t绿色液氢的工厂。该工厂预计于2026—2027年间进行商业化运营,并将进行液氢的分配和加注。该工厂的液氢预计将支持纽约州的氢能交通应用,以及美国东北部的工业应用。AP公司表示,若项目所生产的液氢全部应用于重型卡车,则该项目在整个周期内可减少600万t以上的二氧化碳排放
储运	AP公司在美国墨西哥湾地区运营着全长超过1100 km的氢气运输管道,并有气氢拖车运输、气氢管道运输和液氢罐车运输等高效运输方式。此外,AP公司是全球领先的液氢储运设备供应商,运行着全球最大规模的液氢工厂Gardner Cryogenic,每日产能超过100 t,该公司专门生产大型球罐和交通运输用的液体罐车
加氢	AP公司在加氢领域已有15年的经验,拥有50多项加氢技术专利,参与了全球250多个加氢站项目。2020年2月,全美最大的加氢站在加利福尼亚州圣安娜市揭幕,它最多可为50辆公共汽车加氢,可在8小时内加注1500 kg氢气。2023年2月,AP公司和中国诚志股份在常熟合资建设的首座加氢站正式投入商业运营,最大日加注量为1000 kg,可满足公交车、重型卡车、物流车等多种车型的加氢需求。2023年5月,AP公司计划在比利时建造一个多燃料加氢站。该加氢站位于泽布吕赫的跨欧洲运输核心网络,带有液氢储存装置,将为重型卡车提供服务,每天的氢气容量超过1 t。当该站满负荷运行时,通过取代柴油容量,每年将节省0.8万~1.1万t二氧化碳当量

2022年,AP公司的营业收入和净利润稳步增长,销售毛利率快速下降。从其营收构成可以看到,2022年美洲、亚洲和欧洲分部的工业气体营业收入相比2021年明显增加(图3-4)。

近年来,AP公司在全球大力布局氢能等未来能源产业,通过承接数个世界级项目,正在成为氢能领域的领先者和领导者。AP公司在氢能方面的布局呈现以美国、加拿大为基本盘,以中东为锚点,以欧洲、亚太地区为终端市场的特点,项目投资总额逾百亿美元(表3-20)。

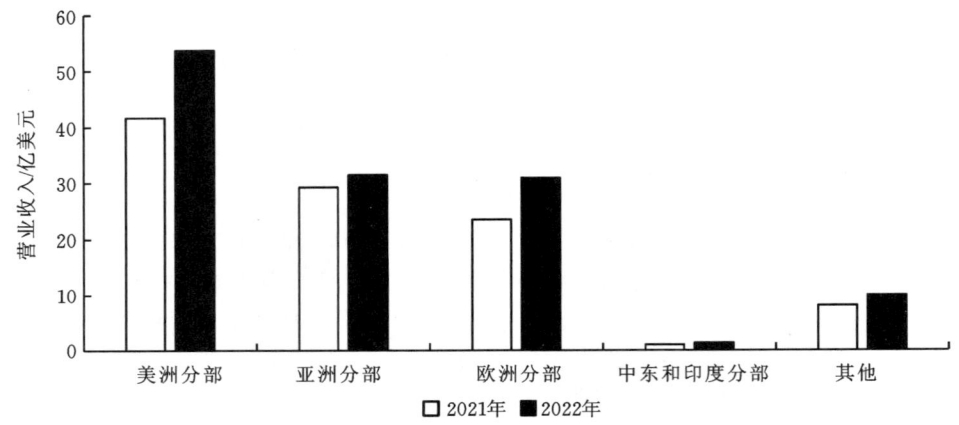

图 3-4　2021—2022 年 AP 公司不同地区分部工业气体营收构成

数据来源:根据 AP 公司 2022 财年年报整理。

表 3-20　AP 公司全球氢能业务布局特点及措施

特点	具体措施
依托本土市场优势,布局北美市场	布局加拿大氢能市场:2021 年 6 月,AP 公司计划在加拿大艾伯塔省投资 13 亿加元建设一个净零氢能综合体,项目将建成净零氢生产和液化设施,开启面向碳中和的转变之旅,预计将于 2024 年投产。该综合体是艾伯塔省首个大规模使用氢的项目,使液氢成为交通领域的零排放燃料,可用于清洁电力的生产
	强化本土优势,加快美国氢能业务布局:2021 年 10 月,AP 公司斥资 45 亿美元于美国路易斯安那州建设世界最大的蓝氢能源综合体工厂,日产蓝氢超过 1909 t,预计于 2026 年投入运营。2022 年 4 月,AP 公司宣布与美国燃料制造商世界能源有限责任公司合作,在其位于加利福尼亚州的可持续航空燃料生产和分销中心共同建成耗资 20 亿美元的可持续航空燃料(氢燃料)供应基地。该基地是全球第一个商业级和北美地区唯一的可持续航空燃料供应基地,氢燃料年产量将达到 15.5 亿 L,计划于 2025 年投产
依托传统业务优势,锚定中东地区	中东地区是传统能源的世界中心,也是 AP 公司重要的工业气体服务市场。在石油王国沙特,AP 公司的工业气体制造和服务优势与该国经济转型和能源转型发展的战略目标十分契合,两者合作的项目也随即落地。2020 年 7 月,AP 公司与沙特本土新能源投资开发商——沙特国际电力与水务公司(ACWA Power)签署年产能为 120 万 t 的绿氢生产投资建设合作协议。该项目总投资 50 亿美元,将建设 4 GW 可再生能源发电项目进行生产配套,是目前世界最大的绿氢生产基地。它预计于 2025 年建成投产,计划向全球出口氢能,以保持沙特在未来能源时代的世界领导者地位。AP 公司在项目中的投资占比为 33.3%,同时参与项目技术研发、运营,以及作为独家回购方负责绿氢产品的全球销售。在参与项目投资开发的同时,AP 公司还与沙特合作参与氢能和循环经济发展合作实验,成为沙特绿氢技术和产业发展的重要推动力量

表3-20（续）

特点	具体措施
重视新兴市场，在中国布局	重视新兴市场业务是AP公司的一贯发展战略。AP公司已在中国服务超过35年，成为中国国内领先的工业气体供应商之一。在中国氢能行业快速崛起的形势下，AP公司积极开拓中国市场，切实地参与到助力中国氢能产业发展的过程中，在全国各地，特别是氢能大省及城市示范群加速发展，布局制氢及氢能综合利用项目和加氢站基础设施。2020年6月，AP公司在嘉兴建立了中国首座、也是亚洲规模最大的商用液氢工厂，规划产能为每天60 t，总投资约10亿美元。项目分为氢能源制备分装、氢能产业关键设备零部件制造、氢能源利用示范城市建设等三个项目，分期实施。除了嘉兴液氢工厂外，AP公司还在内蒙古新建液氢工厂。AP公司已与久泰新材料科技股份有限公司建立了合资氢能公司——空气产品久泰（内蒙古）氢能源科技有限公司。2022年5月，空气产品久泰液氢项目开工，建设年产10 000 t液氢生产装置及配套加氢站，项目投资7.25亿元
加速运输端和终端布局，服务氢能产业链	2020年，AP公司旗下三福公司宣布投资9亿美元在台湾省台南市以BOO（build-own-operate，建设—拥有—经营）模式投资建设两座工业气体隔离装置，为本区域半导体制造商客户提供超高纯度的氮气、氧气、氩气和氢气。2022年4月，AP公司宣布收购法国液化空气集团在阿联酋和巴林的工业气体（燃料）生产设施，包括散装液体、包装气体和特种气体，以及二氧化碳生产设施等，成为其布局中东地区的重要战略举措。2022年5月，AP公司在荷兰大举布局氢能终端服务市场，与德国Schenk Tanktransport运输公司和TNO集团合作，参与氢能卡车研发和加氢站投资建设业务，服务于荷兰基础设施和水务管理部的交通运输发展规划。同时，AP公司与鹿特丹港务局合作，在荷兰计划投资建设货车加氢站。此外，AP公司与阿曼、孟加拉国、印度等国家的能源发展部门或私营领域企业都在商讨氢能供应和生产合作。终端市场的布局（南亚、欧洲、亚太）将直接服务于AP公司未来的氢能生产和供应战略

二、日本

日本一直坚定地推动氢能发展，已在氢能的制、储、运、加等技术领域取得先发优势，总结出较为成熟的加氢站示范、运营以及规模化推广模式。

（一）氢制备

在氢气来源方面，来源于天然气重整的氢气占50%以上，另有45%是炼油和石化行业的副产氢，剩下的来源于小型煤炭生产过程。日本的制氢来源主要有两种，一种是直接从国外进口或本国公司在海外制氢后再将氢气输送回来；另一种是在国内制氢，通过可再生能源发电，最终达成零碳制氢。

（二）氢储运

在氢气储运方面，日本目前采用主流的高压气态储氢方式，并通过压缩气体车辆运氢,同时研发低温液化储氢和管道输氢模式。液态氢比高压气态氢具有更高的体积能量密度,运输效率更高,且不存在安全隐患,因此在跨国和长途运输中使用最多,缺点是成本高昂。2020 年日本高压储氢实验结果表明,日本氢气蓄能器设备性能已大大提高,蓄能器容量由 648 L 增加至 2448 L,最大压力为 95 MPa,达到日本最大注氢流量(3600 g/min),能够以更稳定的压力和流量提供氢气[17]。

(三) 基础设施建设

在 2015 年之前,日本加氢站主要依赖于企业自建自营;2015—2017 年,逐步跨入以少数企业联合建设为主的阶段。2015 年初,岩谷、丰田和大阳日酸等公司合资设立了尼莫西斯公司,该公司建设的移动式加氢站占地面积不及同规格固定式加氢站的 30%。2018 年初至今,日本以企业联盟的形式来推动加氢站及相关基础设施的建设,力图发展闭环式氢基础设施产业,例如 Japan Hydrogen Mobility(简称 JHyM)[18]。日本新一代汽车振兴中心数据显示,截至 2022 年 9 月底,日本在营加氢站数量为 161 座,已覆盖大部分地区(图 3-5)。

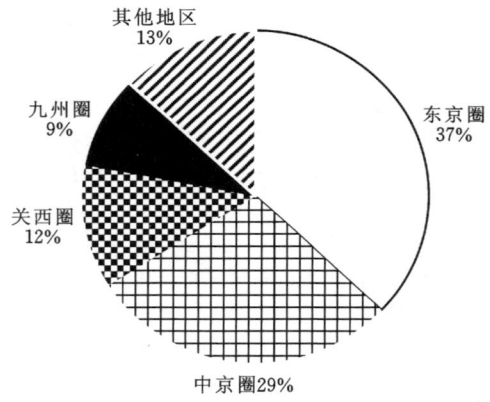

图 3-5　日本不同地区加氢站分布占比

数据来源:根据 Next Generation Vehicle Promotion Center in Japan 数据整理。

(四) 燃料电池

日本在氢能研发应用领域处于世界领先地位。日本氢能重点布局在燃料电池车方面,其燃料电池车在动力性能、续航里程上已达到传统燃油车水平。在氢能产业链中,日本龙头车企已基本掌握氢燃料电池核心技术,东丽等企业主导全球膜、碳纸和碳纤维等关键材料生产。日本在氢能领域掌握大量专利,2011—2020 年其氢能专利申请件数为 34 624,居世界第一。

在氢燃料电池汽车领域,日本研发起步较早。1996 年,丰田推出第一款氢燃料电池概念车 FCHV-1,并逐步掌握大量相关专利,2020 年把续航距离延长三成。2014 年 12

月,丰田Mirai在日本正式上市,氢燃料电池汽车商业化实现落地。

日本汽车公司的燃料电池汽车性能先进,其燃料电池商业化应用处于世界领先地位,氢动力卡车也成为汽车企业合作开发的重要方面。截至2021年12月,丰田第二代Mirai氢燃料电池汽车的销售额较2019年刚上市时增长了257%。在2021年Mirai的主要销售市场中,美国销量为2629辆,日本2438辆,欧洲730辆[19]。2021年,日本已售出和租赁的燃料电池汽车有6631台,正在运营的燃料电池巴士有110台。2022年,受供应链问题和自然灾害等不利事件的影响,丰田1—4月氢燃料电池汽车销量仅1597辆,同比减少38.4%[20]。从保有量来看,截至2021年底,丰田在全球累计投放Mirai氢燃料电池汽车17 933台,占全球总量的36%,海外市场占比63%。总的来说,从目前燃料电池汽车的价格、保有量和加注站数量来看,日本尚处于燃料电池汽车社会的摇篮期,预计2050年将是日本燃油汽车全面向燃料电池汽车转型之年。

除了燃料电池,日本家用氢能设备的发展也十分迅速。得益于成本的显著降低,为住宅供电供热的氢能设备ENE-FARM的售价较2009年面世时便宜了约2/3,销量呈指数级增长。截至2021年底,该设备累计销量逾43.3万套,远超2017年设定的"2030年30万套"战略目标。

此外,日本氢能应用场景也不断拓展,以丰田汽车公司、东日本旅客铁道株式会社、川崎重工业株式会社(简称川崎重工)和JFE钢铁株式会社等相关行业龙头企业为主导,氢内燃机汽车、氢能火车船舶和飞机、氢能作业机械、氢气发电、氢能工厂应用以及国际氢能供应链等各类场景应用技术的研发都在有条不紊推进中。

(五)氢能示范项目

日本作为岛国,搭建全球氢能供应链主要依靠海上运氢。近年来,日本已有多个氢能示范项目成功运行[21],例如川崎重工研发出全球首艘液化氢运输船Suiso Frontier,将氢气从澳大利亚运输至日本神户;日本新一代氢能链技术研究合作组(AHEAD)进行了有机化学氢化物法的氢供应链实证项目,在文莱与日本之间建立了国际氢供应链。除了海上运氢项目,还有福岛氢能模型。通过将福岛氢能研究场生产的氢用于各种燃料电池汽车和工厂,构成集氢的生产、储存、运输和利用于一体的供应链,从而建成一个"氢能社会"示范区。示范项目的开展使日本工业界和社会面得以体验能源系统转型和氢经济发展带来的便利。

(六)氢能代表企业

1. 日本氢能研发领域"领头羊"——川崎重工

日本川崎重工成立于1878年,公司在氢能领域的主打产品包括液化氢运输船、氢能燃气轮机等(表3-21)。2022年,川崎重工全部业务板块的年产值为1.5万亿日元,到2050年,该公司氢能产业的营业额有望突破2万亿日元,氢能将成为川崎重工的最核心支柱产业之一[22]。

表 3-21 川崎重工主打产品

产品	具体表现
液化氢运输船	川崎重工从 2014 年开始着手研发世界上第一艘液化氢专用运输船,该公司利用自身在液化天然气船的设计和建造方面积累的丰富经验,自主开发了液化氢储存系统,突破了船舶应用的关键技术。2022 年 2 月,川崎重工建造的全球首艘液化氢运输船 Suiso Frontier 将澳大利亚生产的氢气运输至日本,船上搭载了川崎重工播磨工厂制造的氢气储罐,可储存 1250 m³ 液氢。川崎重工致力于将氢冷却到零下 253 ℃后液化,以将其体积压缩至原来的 1/800,从而大量高效地运输氢,目标是使氢项目的销售额在 2025 年超过 1000 亿日元,在 2030 年达到 3000 亿日元。根据川崎重工的规划,该公司将在 2030 年建造 2 艘商业规模的液化氢船,每年能够进口 22.5 万 t 氢燃料;到 2050 年,液化氢船的建造数量将达到 80 艘,每年能够进口多达 900 万 t 氢燃料
氢能燃气轮机	川崎重工是日本首家开发出燃气轮机干低排放(Dry Low Emission,DLE)燃烧器中 40% 氢混烧技术的燃气轮机制造商。此外,川崎重工开发出大型天然气发动机中的 30% 氢混烧技术,即在发电输出功率 5 MW 以上的大型燃气发动机中,氢以高达 30% 的体积比与天然气混烧,且发动机能够稳定运行
氢燃料飞机部件	2022 年 6 月,川崎重工确认将研发氢燃料飞机的主要部件。川崎重工的设想是研发氢燃料飞机的结构部件,以及氢燃料推进系统和液氢燃料箱。目前高强度液氢燃料箱难以小型化,川崎重工正在研究能够更有效地携带液氢燃料箱的飞机结构。这些先进部件有望于 2030 年左右开始地面试验,2040 年投入使用,到 2050 年左右实现数百亿日元的销售额
氢燃料发动机	2021 年 4 月,川崎重工、洋马发动机有限公司和日本发动机公司宣布将合作开发全球首台用于大型船舶的船用氢燃料发动机,计划到 2026 年前后,推出一系列可用于各种船型的氢燃料船舶发动机,同时开发相应的船用氢燃料罐和燃料供应系统。 2021 年 8 月,川崎重工联合洋马动力技术有限公司和日本发动机公司成立 HyEng 公司,以研发并销售应用氢燃料船用发动机。与此同时,HyEng 公司还将致力于氢燃料供应系统国际标准和规则的制定、氢燃料供应系统的整合以及氢燃料发动机的维护和运行。 2022 年 11 月,川崎重工宣布其大型液化氢运输船配备的氢气双燃料发电用发动机和相关系统获得日本船级社原则性批准。这一氢气双燃料发动机可以在氢气和低硫燃料油之间灵活切换,使用氢燃料时额定输出功率为 2400 kW,圆筒直径 300 mm。在选择氢燃料时,从船舶的液化氢储罐中自然产生的沸腾气体将作为主燃料,以超过 95% 的比例混合发电并向船上供应电力,与传统发动机相比可大大减少船舶温室气体排放。 2024 年后,川崎重工将开始测试氢储存至燃烧等过程;2027 年将氢燃料发动机安装在正在开发中的大型液化氢运输船上。未来将扩大应用在运载煤炭及汽车的近海船舶、内海船舶等

2. 全球动力电池主要供应商——松下集团

日本松下集团成立于1918年,是全球领先的电子产品制造商,近年来在氢燃料电池领域布局日趋成熟,从制氢、储氢,再到氢能的应用实践,松下集团积累了大量的经验(表3-22)。2020年12月,松下集团发布面向"氢能社会"的战略,显示氢燃料电池累计出货量达19万台,占日本市场的53%,出货量位居全球第一。2022年7月,松下集团宣布一项长期环境愿景"Panasonic GREEN IMPACT"(绿智造、创未来,简称PGI),目标是在2030年实现全集团事业活动的二氧化碳排放量实质为零;同时,力争通过集团各项事业活动,实现碳减排约3.3亿t,为2050年日本步入碳中和社会作出贡献。

表3-22 松下集团氢燃料电池领域布局

时间	具体表现
2020年4月	东京奥运会选手村建于一个占地面积约13万 m^2 的填海造地的地块上,日本在这里首次全面引入氢能。5632户住宅全部安装了松下集团为家庭开发的燃料电池ENE-FARM,它利用天然气制取氢气,然后用氢气发电和供暖。据介绍,这种燃料电池的能源利用效率较高。虽然一套燃料电池设备的成本约为100万日元,远高于40万日元的传统家用燃气设备,但是它平均每年能为住户节省约6万日元的电费、燃气费等
2022年4月	松下集团在日本滋贺县草津开设的 H_2 KIBOU FIELD项目正式投入运营。试验场正在使用太阳能电池板、氢燃料电池和特斯拉Megapack储能电池来生产可再生氢,旨在打造一个可持续能源制造商业模型。该示范项目配备了99台5 kW纯氢燃料电池发电机和约570 kW的光伏发电机,以及1.1 MW锂离子电池的发电系统,用于存储剩余电量。该系统的电力可以为草津的整个燃料电池工厂提供动力。厂区的这三种电力输出方式已经过优化,可确保不受天气条件的影响,提供稳定的电力
2022年11月	松下集团联合中集安瑞科控股有限公司,发布全球首个装载松下5 kW纯氢燃料电池的集装箱系统集成方案,为氢燃料电池的多场景应用提供更多可行性;同月,松下集团在上海举办的第五届中国国际进口博览会上,首次发布冷热电三联供氢能示范项目
2023年2月	中国首个氢燃料电池综合能源利用项目——松下冷热电三联供氢能示范项目启用仪式在无锡市举行,作为集中提供冷、热、电的氢能解决方案的全新应用场景,该项目的启用将协同实现天冷时供热、天热时制冷,进一步丰富无锡市氢能应用生态,推动氢能产业延链、补链、强链

3. 做中国"减碳"的领跑者——丰田汽车公司

丰田汽车公司(简称丰田)认为氢能是"未来的清洁环保能源",氢燃料电池汽车是对社会贡献度极高的"终极环保车"。1992年,丰田开始着手于氢燃料电池汽车的研发。1996年,丰田就推出了首款氢燃料电池概念车FCHV-1。随后,丰田接连又推出十多款氢燃料电池概念车或改装车型。2014年,丰田第一代Mirai氢燃料电池车问世,并开始在北美地区以及零下40℃的北海道最北端的严寒城市、非洲的高端地区进行测试。经过反复测试,2016年第一代Mirai开始投放市场,2021年第二代Mirai上市销售。目前,除了乘用车,丰田对氢能的广泛应用也延伸到了巴士、卡车、叉车等商用车领域。

在中国,为助力碳中和目标的实现,构建低碳移动出行社会,丰田全面开启了氢燃料电池技术和产品的推广和普及,不断推进氢燃料电池技术的本土化研发,生产符合中国客户需要的产品,全方位助力中国"氢能社会"的发展(表3-23)。

表3-23　丰田在华燃料电池布局三阶段

阶段	1.0阶段 (2019—2020年)	2.0阶段 (2021—2022年)	3.0阶段 (2023—2025年)
主要任务	开放氢燃料电池汽车技术专利,带动行业整体发展,通过绑定产业链扩大影响力	在华深度布局氢燃料电池汽车技术供应链和产品,从电堆供应切入,成为技术突出的供应商;与中国企业合作打包销售电堆和零部件;商、乘并举,商用车优先适应市场示范运营;绑定国企,提高推广效率,降低推广成本	市场化推广应用正式落地,借助示范城市扩大合作广度与深度
具体措施	2019年丰田与清华大学成立联合研究院,计划在氢能、AI自动驾驶、综合研究、环境以及跨学科项目等方面开展为期5年的共同研究。尤其是氢能方面,通过与专家学者一起开展前沿技术研究,探讨"适合中国的氢能应用"等课题。同年,丰田汽车开始向中国商用车厂商提供氢燃料电池组件	2020年丰田围绕"车端"和"系统端"在华快速展开合资合作。8月,丰田与一汽、东风、广汽、北汽、北京亿华通共同成立联合燃料电池系统研究有限公司,旨在进行商用车燃料电池系统研发工作。11月,丰田向氢燃料电池组件系统集成商雪人股份提供丰田燃料电池电堆等零部件。 2021年,丰田在华进入燃料电池系统大规模配套示范运营阶段。3月,北京亿华通与丰田成立华丰燃料电池有限公司,生产并销售联合燃料电池系统研究(北京)有限公司开发的燃料电池系统。该公司成立,意味着丰田燃料电池系统在华形成研发、生产与销售的完整生态链条。10月,华丰燃料电池有限公司推出首个面向中国商用车市场的燃料电池系统"TL Power 100"。11月,丰田与上海重塑科技签订燃料电池技术供应合约,意味着丰田燃料电池系统正式打入长三角市场。 2022年,丰田汽车燃料电池系统在华正式落地。8月,华丰燃料电池有限公司发布第二套在华燃料电池系统"TL Power 80",随后宣布丰田燃料电池研究与生产项目(一期)在北京经济技术开发区开始建设,直到2023年与海马汽车有限公司围绕乘用车展开燃料电池系统配套合作运营。同时,丰田积极参与我国氢燃料电池技术与标准制定,联合制定4项标准,积极参与推进我国70 MPa加氢站规划与建设	2023年3月,丰田中国与海马汽车宣布在氢燃料电池汽车研发与产业化领域开展合作,双方计划争取在2023年投入约200台小批量开展示范运营,并于2025年规划2000台运营规模

三、韩国

（一）氢制备

在氢气来源方面，韩国大约60%的氢气来自炼油厂、石化行业的副产品，其余40%来自天然气重整。在氢气制备方面，目前韩国都是利用化石燃料如天然气制备得到灰氢，已形成仁川市、平泽市、三陟市、统营市等制氢基地，计划到2040年氢气产量达到526万t。

（二）氢储运

韩国正在发展有机化合物、液氨和液氢的跨洋运输供应链，主要采用"高压气态＋管道"方式，拥有以蔚山市、丽水市、瑞山市（大山工业园区）为中心的氢气管道，液化氢和液态储运技术仍处于前期研发阶段。

（三）基础设施建设

韩国的加氢站分为两大类：日加氢量为650 kg/d的常规加氢站和日加氢量达1000 kg/d的公共汽车加氢站。截至2021年底，韩国在营加氢站有38座，其中大多数是公共汽车加氢站[23]。预计到2023年底，韩国在营加氢站将增加到至少52座[24]。2022年，韩国昌原市首座集成式加氢站落成，可为各种形式的氢能交通设备供氢[25]。韩国在氢能领域的公共投资规模仅次于德国和日本，居世界第三。另外，韩国非常重视低碳氢的生产，第一批低碳氢生产项目已经在进行中。

（四）燃料电池

韩国是迄今为止全球最大的氢燃料电池汽车市场，氢燃料电池汽车销量、保有量均居世界第一。从销量来看，韩国氢燃料电池汽车自2020年的近5800辆跃升至2021年的8500多辆，约占全球总销量的一半，遥遥领先于其他国家；其氢燃料电池汽车保有量集中度较2020年亦有所提升，保有量在全球占比达到39%[26]。这主要得益于韩国强势补贴政策的驱动以及氢气基础设施的扩张。此外，激进的推广措施也是一个重要影响因素。

2021年，全球氢燃料电池汽车销量的98%由韩国现代Nexo和日本丰田Mirai两种车型贡献。剩下的销量来自被淘汰的本田Clarity，以及雷诺、宝马和标致等品牌的测试车。2021年，韩国现代Nexo氢燃料电池汽车在全球销售9208辆，其中92%在韩国本土市场销售，是世界上最畅销的氢燃料电池汽车。

截至2021年底，韩国现代汽车集团在全球累计投放氢燃料电池汽车22 337辆，占全球总量的45%，其中本土市场占比高达86%。

2022年上半年，由于汽车半导体短缺、原材料价格上涨以及乌克兰危机等因素叠加影响，氢燃料电池汽车行业陷入停滞，与2021年同期相比市场整体疲软。虽然受此不利条件影响,但现代汽车销量跌幅再次收窄,2022年1—4月以3073辆的销量继续领跑世界氢燃料电池汽车市场。由于市场威胁带来的不确定性仍未消失,加之韩国国土面积较小导致长途商用运输场景较少,从长期来看,氢燃料电池汽车的推广速度会受到限制。即使现代汽车短期推广增速较快且获得了市场认可,政策支持也较为充分,未来现代汽车能否持续占据主导地位仍有待观察。

(五)氢能示范项目

目前韩国政府正在建设氢能应用项目,典型试点包括韩国四大氢经济候选城市。2019年10月,韩国国土交通省在韩国检查和调整会议上宣布了氢能试点城市推广战略。"氢能城市"是指到2022年在电力、交通、供暖(制冷)等领域广泛利用氢能的城市。2019年12月,韩国国土交通省宣布,将安山市、蔚山市、完州郡和全州市列为氢经济候选城市。另外,三陟市被选定为专门研究和开发氢技术的城市。安山市的计划是通过引入与氢相关的产业来复兴其老化的工业园区。此外,该市还希望利用当地的潮汐能来创造一种环保的氢源。蔚山市的计划是在当地的石油厂生产氢气,为建筑和燃料电池电动汽车提供加氢服务。试点城市中的多单元住宅综合体和单个建筑物将使用氢气作为制冷、供暖和供电的能源。此外,为建立基于氢能的交通运输系统,韩国将在城市内或附近的综合转运中心、停车场和公交车车库中安装加氢站。

(六)氢能代表企业

1. 全球领先的轻量化、移动式氢燃料电池系统解决方案供应商——斗山创新(深圳)有限公司

斗山创新(深圳)有限公司(简称斗山创新)是由韩国斗山集团在2016年设立的全资子公司,依靠自有核心技术,致力于开发便携式燃料电池系统(无人机、叉车、工程机械及其他可移动设备),开发的首款燃料电池系统已应用于工业级无人机,为工业级无人机提供可靠的长距离飞行解决方案。其母公司韩国斗山集团成立于1896年,是一个拥有120多年历史且持续快速成长的企业。集团产业主要集中在能源、装备、海水淡化设备、燃料电池以及机器人产业等领域。斗山集团氢气产业包括液态制氢、风力及水力发电制氢等领域。斗山燃料电池产业包括基于固体氧化物和磷酸技术的固定分布式发电领域,以及基于质子交换膜的家用及移动式燃料电池领域。目前斗山集团燃料电池系统在全球范围内累计装机容量超过500 MW。

斗山创新的产品线主要包含1~5 kW空冷系统以及5~30 kW轻量化水冷系统。目前产品主要应用在工业级无人机、无人船以及机器人领域,后续将量产用于叉车、工程机械、备用电源以及载人飞行器等领域。其产品立足国际市场,先后通过了多项国际认证标准,目前多款燃料电池系统已经完成FCC、CE认证,储氢系统完成美国DOT、加拿大TC、欧洲TPED、韩国KGS等国际认证,产品和技术均达到全球领先水平。2021年11月,斗山第三代氢燃料电池无人机DT30N上市交付,通过适用更高能量密度的ST2.2版本燃料电池系统以及改善飞机结构等,同时实现了自重减轻及续航增大的目标。为了拓展飞行器市场,斗山创新已经着手开发用于150 kg级货物运输的15 kW级燃料电池系统以及用于300 kg级载人的50 kW级燃料电池系统,相关产品将陆续在2023—2024年量产上市。同时,为了给客户提供便捷的服务,斗山创新从2019年开始分别与广东、上海、成都的气体公司合作,投资设备共同设立了专用加氢中心,充装氢气并为购买氢燃料电池无人机和燃料电池系统的客户提供免费的用氢服务,目前基本实现周边省份3天送达,全国最长7天送达的目标。

斗山创新的应用领域主要涉及物流配送,矿山运营及监管,农业及畜牧业监管,公共监管与安全(搜查与救援、林业监管、水质监管),基础设施巡检(太阳能光伏板巡检、海上基础设施巡检、桥梁巡检、交通监控)。具体应用案例见表3-24。

表3-24 斗山创新氢能应用领域案例

案例	方案	优势
远距离医疗运送:氢燃料电池无人机在7 min内将医疗物资运送到海拔1500 m的高山上。无人机的任务飞行功能可以使其自动飞行到确切的地点,并远程放置物资	① 快速自动飞往事故现场反馈地面信息并进行实时视频直播和物资投放; ② 为山区量身定制通信解决方案	氢燃料电池无人机可在最大有效载荷(4.5 kg)情况下飞行90 min以上,在物资交付之后能够自动返回
长时间大范围搜救:使用长续航氢燃料电池无人机时,可以监视大范围区域,以进行火灾遇难者的搜救任务	① 使用红外相机和光学相机搜索大范围区域; ② 通过LTE视频传输解决方案在控制中心进行实时监控; ③ 利用无人机的GPS信息定位营救失踪人员	① 氢燃料电池无人机可监视面积达4000 km^2,监视范围是锂电池无人机的10倍以上; ② 与需要充电的锂电池无人机不同,氢燃料电池无人机通过更换新的氢气瓶即可补充燃料
大面积巡检:为了有效检查Haenam Solasido的100 MW太阳能发电场,氢燃料电池无人机应用了自动任务飞行和基于AI的面板故障检测功能	① 使用斗山GCS系统,通过任务飞行功能获得太阳能发电面板的红外图像; ② 可以使用AI技术自动检测出现故障的面板; ③ 监控现场并进行实时图像传输	① 可以通过8个航次完成对整个太阳能发电场的检查,并保证故障检测精度为98%; ② 检查效率是锂电无人机的6~8倍

表3-24（续）

案例	方案	优势
长时间直播或照明：通过氢燃料电池无人机完成全球首例高尔夫赛事全程直播	① 使用氢燃料电池无人机的长航程和4K摄像头进行高清的事件记录； ② 提供实时视频传输解决方案，及时捕捉关键镜头； ③ 实时监控无人机状况，确保人员安全	① 可以在2小时的飞行时间内捕获关键事件（18场全场比赛的全幕拍摄）； ② 低噪声，可在需要集中注意力的高尔夫比赛中飞行

2. 力争成为全球顶级氢能厂商——SK集团

SK集团是韩国最大的综合性企业集团之一，总部位于韩国首尔，成立于1953年，经过多年的发展和扩张，现已成为在能源、化工、信息通信、物流和服务等多个领域拥有广泛业务的企业集团。SK E&S是SK集团旗下的氢能企业，旨在打造清洁氢能生产、流通及消费的产业闭环，率先建立韩国的氢生态系统。2021年9月，SK集团宣布了一项总额为18.5万亿韩元的投资计划，旨在整合氢能生产体系，目标是到2025年能够制备28万t氢。该公司推进氢能事业的战略大致分为三方面：一是利用集团基础设施，通过建立大规模氢能生产体系，进入韩国氢能市场；二是通过氢能生产—流通—供应的价值链一体化，确保业务稳定性；三是通过投资技术公司及建立合作伙伴关系进军海外市场，以确保拥有氢能核心技术（表3-25）。

表3-25　SK集团氢能战略

主要任务	具体布局
建立大规模氢能生产体系，进入韩国氢能市场	第一阶段：SK E&S将投资约5000亿韩元购入SK集团仁川石化园区内约4.95万m^2的地皮，用来建设液化氢生产基地，计划2023年实现3万t液化氢的生产体量
	第二阶段：从2025年开始启动环保蓝氢的大规模生产体系。SK E&S每年直接进口300万t以上液化天然气（liquefied natural gas，LNG），利用SK E&S提供的天然气，在韩国保宁LNG总站区域追加生产25万t去除二氧化碳的清洁氢。实现目标后，SK集团仅在韩国每年就能生产和供应28万t环保氢

表3-25(续)

主要任务	具体布局
实现氢能生产—流通—供应的价值链一体化,确保业务稳定性	SK集团凭借韩国顶级液化天然气业务能力和基础设施,整合现有价值链,构建氢能生产—流通—供应的生态系统的良性循环结构,将旗下加油站和货运卡车服务站等设施作为绿色能源服务中心,为氢能车辆提供加氢服务,同时还将积极开发燃料电池发电站,以满足大规模用电的需求
通过投资技术公司及建立合作伙伴关系进军海外市场	SK集团正在通过对拥有一流制氢技术的海外企业进行投资,掌握氢能核心技术,还通过建立全球伙伴关系等,确保自身在全球氢能事业领域的竞争力,并以此为基础,正式进军中国、越南等亚洲市场。2021年1月,SK集团旗下投资公司SK Inc.与SK E&S共同投资约1.8万亿韩元,获得了全球氢能市场领先企业美国Power Plug约10%的股份,成为其最大股东;2021年6月,SK Inc.对全球首家成功大量生产绿松石氢的美国Monolith公司进行投资,加速了SK集团在环保氢能事业上的布局与拓展。SK集团正在加速掌握各种形态的清洁氢的生产主动权及核心技术,通过全面推进氢能事业及率先进军全球市场等布局,到2025年,公司有望追加创造30万亿韩元左右的净资产价值

3. 氢燃料电池技术领先者——现代汽车集团

现代汽车集团作为氢燃料电池技术的领先者,20世纪初,便开始关注燃料电池系统,致力于将氢燃料电池应用于汽车,以帮助维护环境并最终实现"人类的进步"。以此为核心,现代汽车集团便开始了一段长达20多年的氢燃料电池技术研发。2018年12月,现代汽车集团发布中长期氢能及氢燃料电池汽车发展规划"FCEV 2030愿景"。该规划再次明确现代汽车集团将借助自身在燃料电池技术方面的全球领导力,加速发展"氢能社会"的承诺。现代汽车集团计划到2025年销售67万辆电动汽车,包含56万辆电池驱动的电动汽车和11万辆氢燃料电池汽车,目标是成为年销量名列前三的燃料电池汽车制造商;计划到2030年,燃料电池系统的年产能提升至70万套。2021年现代汽车集团又更新了该愿景,进一步提出了"氢能愿景2040",计划在2028年率先成为全球首个旗下所有商用车型均搭载氢燃料电池系统的汽车制造商;到2030年,实现氢燃料电池汽车与纯电动汽车价格相当的目标,确保拥有价格竞争力;至2040年,在各个领域引入全新氢能产品与技术普及氢能计划;同时将在移动出行以及其他各种领域部署氢能相关产业,致力于让"每个人、每件事、每一处"都能轻松地使用氢能。

在中国,随着碳达峰、碳中和进程向纵深迈进,现代汽车集团以中国氢能产业规划为蓝本,基于全球领先的氢能技术和商业化经验,率先将"全方位氢能解决方案"导入中国市场(表3-26),旨在将全球领先的氢燃料电池技术引入中国,与中国本土企业协同合作,逐步向汽车、发电机、船舶、火车等行业拓展供应全球领先的氢燃料电池系统,借助其强大技术优势和行业领导地位,助力中国向"氢能社会"转型。

表 3-26 现代汽车集团构建中国"全方位氢能解决方案"

层面	具体表现
技术层面	现代汽车集团于 2021 年在广州建立了集团首个海外氢燃料电池系统研发、生产、销售基地"HTWO 广州"。这是一座包含氢燃料电池电堆生产工厂、氢燃料电池系统生产工厂、研发中心和创新中心在内的综合性基地。投产后,将通过多种方式积极参与以商用车为主的燃料电池汽车示范运营。除商用车外,也将为氢燃料电池乘用车以及船舶、轨道交通、发电等多个领域提供全球领先的氢燃料电池系统
产品层面	现代汽车集团专为中国市场研发、符合中国法规的氢燃料电池车 Nexo 中国版已在广州、上海和北京进行开放道路试驾,仅需 5 分钟即可加满所需氢气,在充满氢的情况下,CLTC-P 工况下续航里程达 550 km。2022 年 4 月,Nexo 中国版正式获得北京新能源汽车牌照,成为中国氢能产业发展中的一个重要里程碑
生态层面	2022 年,现代汽车集团连续签订 3 份重要合作协议,与中国合作伙伴在氢能及商用车等领域展开深度合作,持续构建氢能生态

从产品到产业链再到生态圈,面向新能源的未来,现代汽车集团层层递进,依靠在氢能领域的多年累积,加速推进氢燃料电池技术与产品的本土化,不仅为中国消费者带来绿色清洁之旅,也助力了现代汽车集团在可持续发展领域取得斐然的成绩。

四、澳大利亚

(一)澳大利亚氢能产业发展概况

澳大利亚拥有发展氢能产业的巨大优势,总体氢能战略是大力发展清洁、创新、安全和有竞争力的氢能产业,以新能源制氢、氢发电、氢出口作为重要策略,有潜力成为全球最大的氢气生产国之一[27]。澳大利亚国土范围内蕴含丰富的煤炭、天然气等化石能源资源,这些化石能源资源可以用于制取充足的氢气;澳大利亚拥有完善的煤炭产业链以及天然气生产、液化、储运等基础设施及专业技术支持,可以在氢能产业链各环节发挥作用;另外,在市场方面,澳大利亚完善的能源贸易关系将有助于其面向中国、日本、韩国等亚洲国家出口氢气。据澳大利亚联邦科学与工业研究组织预计,到 2030 年,全球能源产业对氢气的需求量将达到 800 万 t,而中国、日本、韩国和新加坡对进口氢气的需求或将达到 380 万 t,鉴于亚洲市场对于氢能的需求,澳大利亚未来氢能出口潜力巨大。

(二)澳大利亚氢能产业现状

2022 年,澳大利亚工业、科学、能源与资源部发布《2021 年氢能现状》报告,从投资、成本、出口以及化工、钢铁、采矿、发电、交通、供热等领域的应用角度,对澳大利亚氢能产业发展现状进行了详细评估(表 3-27)。

表 3-27 澳大利亚氢能产业发展态势

发展指标	发展现状
投资额	私营部门承诺对氢能产业的投资将超过 16 亿澳元
项目规模	预计到 2025 年氢能项目装机容量可达 100 MW 以上;吉瓦级项目已经宣布,预计将在 21 世纪下半叶开始运营,但目前政府尚未作出最终投资决定
成本竞争力	预计到 2030 年清洁氢成本将降至 2~4 澳元/kg
出口	澳大利亚要成为全球主要氢出口供应商,需要持续刺激需求和开发氢供应链。HySupply 等国际合作伙伴正在进行供应链研究来支持氢供应链的发展,同时政府通过支持氢能中心的发展,刺激国内和出口市场的需求,从而进一步推动清洁氢的生产
化工原料	当前已知的投入使用清洁氢的项目占电解槽总容量的 20%
炼钢	目前该领域的氢能开发程度有限,但一些钢铁生产商仍然表明态度,将发展清洁炼钢技术作为澳大利亚技术投资路线图中的优先选择
电网支持	在能达到的限度内测试氢能提供频率控制辅助服务的可能性
矿业及离网应用	虽然尚未形成一定规模的计划,但是已经有一些项目在探索氢能在微电网中的应用。澳大利亚福蒂斯丘金属集团和 ATCO 公司正在研究如何在矿场应用氢运输工具;同时政府投资 1036 亿美元以支持微电网的应用
发电	新南威尔士州决定对两台燃气轮机进行投资,分别是 Snowy Hydro 公司的 660 MW Kurri Kurri 燃气轮机和 Energy Australia 公司的 316 MW Tallawarra 燃气轮机。其他的燃气轮机也在等待投资中,比如 AIP 公司的 Port Kembla 燃气轮机
轻型交通	目前有 4 个加氢站和 30 辆燃料电池汽车在试运营,还有一些其他的项目预计在 2025 年运营。除此之外,为支持氢能在轻型交通中的应用,澳大利亚政府启动了未来燃料基金,用于投资加氢站和氢燃料电池汽车
重型交通	Hyzon Motors 公司和福蒂斯丘金属集团正在合作开发氢能巴士用于采矿业。同时,澳大利亚政府的未来燃料基金和货运生产计划将会继续支持重型交通的发展
天然气网络	目前该领域正在进行混氢试验,预计到 2025 年有 9 个项目投入运营,到 2030 年在天然气区域网络实现 100% 的氢气注入。同时,澳大利亚政府已同意对国家气体监管框架进行修订,并将氢气、生物甲烷和其他可再生气体混合物纳入其修订范围
工业供热	该领域的氢能开发程度有限,目前 Grange Resources(Tasmania)Pty 公司正在进行一项氢气用于工业供热的可行性研究

资料来源:根据澳大利亚工业、科学、能源与资源部报告《2021 年氢能现状》(State of Hydrogen 2021)整理。

(三)氢能示范项目

目前,澳大利亚已部署了一定的氢能示范项目,重点项目包括Jemena悉尼绿色天然气项目和Yara绿色氢工厂项目等。Jemena悉尼绿色天然气项目利用可再生能源电解水制取氢气,一部分加入Jemena现有天然气管网供用户使用,另一部分通过汽轮机发电并网,剩余部分则供应给氢燃料电池车加氢站。Yara绿色氢工厂项目采用可再生能源电解水制氢,通过对海水进行淡化处理来获取水源,制取的氢气主要用于制氨,生成的农业肥料用于国内或出口国外。

(四)氢能代表企业

1. 布局清洁能源的老牌矿石生产商——福蒂斯丘金属集团公司

福蒂斯丘金属集团(Fortescue Metals Group,FMG),成立于2003年,总部位于西澳大利亚州,是澳大利亚第三大铁矿石供应商,每年铁矿石发货量约为1.8亿t。近年来,在到2030年实现碳中和的行业领先目标的推动下,FMG致力于领导重工业对抗全球变暖。2021年,FMG加大可再生能源领域研发投入,创建专门开展清洁能源业务的未来产业公司(Fortescue Future Industries,FFI)。FFI将发展绿色氢能作为重工业脱碳解决方案,计划投入2000亿美元在2030年生产1500万t绿氢,通过开发绿氢、绿氨、风光水能与地热能等可再生能源,帮助FMG在2030年前实现碳中和目标。目前FFI正通过布局国内外一系列绿色能源产业项目,带动澳大利亚乃至全球实现能源转型(表3-28)。

表3-28 FFI氢能全球化布局

时间	具体措施
2021年10月	FFI宣布在昆士兰州启动全球绿色能源制造中心(Global Green Energy Manufacturing Centre,GEM)项目,将斥资10亿澳元在格拉德斯通(Gladstone)兴建澳大利亚首个吉瓦级规模的电解槽工厂
2021年11月	FFI与英国公司Ryze Hydrogen和JCB签署谅解备忘录,根据备忘录,FFI将向两家公司出售其全球绿氢产量的10%。 FFI计划投资84亿美元在阿根廷建立一个生产绿氢的项目,目标是到2030年达到220万t/a的出口产量,以满足德国近10%的年度电力需求
2021年12月	FFI和印度尼西亚共和国北加里曼丹省政府签署了一项合作协议,探索在印度尼西亚开发绿氢项目。根据该协议,FFI初步计划于2022年在其位于北加里曼丹省的工厂建设1套年产能约65万t绿氢、每年可转化370万t绿氨的设备,并寻求机会将绿氢、绿氨出口至海外市场
2022年1月	FFI宣布与德国化工巨头科思创(Covestro)拟签订长期协议,向Covestro提供最高10万t当量的绿氢

表3-28（续）

时间	具体措施
2022年3月	FFI与空中客车公司签署谅解备忘录，围绕绿色氢能法规、基础设施和全球供应链挑战等问题开展专门研究，共同推动航空绿色氢燃料使用。FFI将在氢能供应链中技术驱动因素、目标机场基础设施方案等方面提供支持。同月，FFI宣布每年将向德国意昂集团供应500万t绿氢至2030年，以减轻德国对石油和天然气的依赖
2022年4月	FFI宣布与远景科技集团到2030年合作开发1000万t绿氢
2022年12月	FMG与ATCO澳大利亚公司合作开设的西澳首个绿氢加氢站在位于珀斯市中心的ATCO清洁能源创新中心正式投入使用，该加氢站将给FMG、ATCO公司以及西澳警局在内的其他机构拥有的氢燃料电池车队提供能源，只需不到5分钟便能为丰田氢燃料电池车Mirai加满绿氢，满足其长达500 km的零排放行驶里程的需要
2023年3月	FFI与湖南省商务厅在长沙共同签署《关于先进绿色能源技术供应链体系合作项目谅解备忘录》
2023年6月	FMG与中国宝武钢铁集团签订合作谅解备忘录，根据该备忘录，双方将利用FMG的铁矿石和绿氢资源，共同探索低碳炼铁技术，并在铁矿石选矿研发以及可再生能源和绿氢等领域积极开展合作

2. 澳大利亚可再生能源领域初创企业——Climate Impact Corporation（CIC）

CIC是一家具备大型再生能源项目开发、投资及运营管理能力的全球性集团，以制氢、制氨、制甲醇为重点发展方向，深耕澳大利亚市场，致力于打造氢能出口基地，在澳大利亚、中国、新加坡等地均有业务机构。近年来，随着全球化能源转型和低碳发展，氢能技术日趋成熟，氢能产业发展速度空前。与此同时，"中国制造"作为全球供应链的重要力量，亦吸引国际能源公司赴华发展投资。2023年，CIC携全球首个10 GW绿氢项目Green Spring（绿泉）来华，计划投资80亿美元，寻求"澳洲—日韩—中国"产业链落地。绿泉项目位于澳大利亚北领地州Tenant Creek，占地200 km^2，是澳大利亚目前规模最大、进展最快的全离网光伏制绿氢项目之一。该项目年产40万t氢，生命周期为35年，碳指标超6亿t。

五、欧盟

欧盟主要依托大规模发展的可再生能源和完善的天然气管道基础设施，推动绿氢生产、氢能储运体系构建，实现氢能在交通、工业、建筑领域的脱碳化发展，以支撑欧洲能源转型和经济绿色低碳发展。基于自身发展优势，欧盟在氢制备、储运、利用方面和燃料电池等领域均取得了不错的效果，并形成了完整的产业链，同时积极进行商业化探索。

（一）氢制备

欧盟以可再生能源电解水制氢为主要的制氢途径，已安装超过140 MW的电解专用制氢设备,占全球产能40%以上。在绿氢制备方面,欧盟关注海上风电同氢能产业融合,认为海上风电产业的跨越式发展将解决绿氢制备的能源需求和价格成本问题。

(二)氢储运

欧盟以发展管道输氢为主,推进供电、供热和天然气基础设施交叉融合,开展氢气专输管网建设和天然气—氢气混输管网改造。预计2030年输氢管道容量将超过20 GW,2040年氢气管网总长度将达2.3万km。

(三)基础设施建设

欧盟在营加氢站主要为轿车提供加氢服务,为大巴车提供加氢服务的加氢站较少,且多数加氢站日加氢量不超过500 kg/d,加氢站的规模相对较小。截至2022年底,欧洲投入运营的加氢站共254座,其中105座位于德国;法国在营加氢站有41座,位列第二;荷兰有加氢站17座;其他欧洲国家加氢站数量较少,多在10座以下,其中塞浦路斯于2022年新建该国国内首座加氢站,能够为本国居民提供加氢服务。

(四)燃料电池

2006—2016年,德国联邦政府通过"氢燃料电池国家创新计划"拨付了7亿欧元用于发展氢燃料电池技术,并计划到2025年实现燃料电池乘用车成本与当前的电动车成本相当。截至2021年底,德国共销售氢燃料电池汽车424台,同比增长38%。欧盟在燃料电池推广方面积极性较高,示范推广燃料电池乘用车达到1080辆、燃料电池商用车150余辆。

(五)氢能示范项目

目前,欧盟已部署了一定的氢能示范项目,重点项目包括德国H2Mobility加氢站计划、西班牙Gas Natural Fenosa公司电转气示范项目等。德国H2Mobility加氢站计划由H2Mobility联盟于2016年发布,预计2023年之前在德国建设400座加氢站,建立一个全国范围的供应网络,推动氢能行业的发展。西班牙Gas Natural Fenosa公司电转气示范项目于2018年6月在巴塞罗那附近开始,该项目是一个污水处理厂的配套设施,其生产的氢气与污水处理厂的二氧化碳用于合成甲烷,然后注入天然气管网,供相关终端使用。

(六)氢能代表企业

1. 立志用氢能引领全球脱碳——德国西门子能源公司

德国西门子股份公司创立于1847年,是全球电子电气工程领域领先企业。其子公司西门子能源公司是一家覆盖完整能源价值链的全球领军企业,致力于成为氢能领域的全方位解决方案提供者,提供风力发电机、制氢电解器、氢燃料燃气轮机、含氢电制燃料合成设备等系列产品。目前,西门子能源公司已经能够提供光伏电站、风力发电机、制氢电解器、氢燃料燃气轮机、含氢电制燃料合成设备等各类产品,并进行系列产品组合(表3-29)。

表3-29 西门子能源公司氢能产业技术布局情况

环节	服务及产品
上游	提供光伏电站、风力发电机、制氢电解器、氢燃料燃气轮机、含氢电制燃料合成设备等各类产品,并进行一系列产品组合
中游	提供先进高效的PEM电解水制氢技术,以及电制燃料合成技术与CCS等配套技术,满足在不同场景下对绿氢和蓝氢的使用要求
下游	提供纯氢或氢与化石燃料混用解决方案

2012年,西门子能源公司启动美茵茨能源园区项目,该项目于2015年建成投运,2017年进入商业化运营阶段。该项目连接了市政公司的中压电网及其4个风电场,将"过剩"风电通过3台西门子能源PEM电解水装置Silyzer200制氢并存储。这是全球首个兆瓦级别的电解水制氢工厂,最大功率达6 MW。美因茨能源园区项目旨在建立一个全产业链的示范体系,涉及电氢平衡、交通与工业平衡两大核心问题,通过氢为媒介,成功打通电网和天然气管网,实现可再生能源的充分利用。该项目在2018年已成功实现赢利。除此之外,西门子能源公司也在积极开发使用掺杂氢气运行的燃气轮机,并预计在2030年实现燃气轮机纯氢运行。2020年上市后,西门子能源业务包括电力及天然气板块和歌美飒可再生能源板块(图3-6)。西门子能源PEM电解水制氢设备归属于电力及天然气板块下的新能源业务。2022财年,西门子能源公司在全球90多个国家和地区拥有约9.3万名员工,实现营业收入290亿欧元。西门子能源公司对研发完善制氢厂的核心技术有着非常专业的知识和能力,这保证了项目从电网接入到高纯度、加压氢气生产的交付的完整性。目前,西门子能源公司比较成熟的PEM电解槽产品型号包括Silyzer200和Silyzer300。其中,Silyzer300总容量为17.5 MW,由24个模块构成,产氢量为335 kg/h。2022年4月,西门子能源公司宣布将在柏林启动电解水制氢设备的规模化生产,拟建设的电解水制氢设备生产线占地2000 m^2,投入约3000万欧元。新产线将设立于柏林莫阿比特地区现有的工厂,计划于2023年投产。

中国是西门子能源公司的重要市场之一,也是西门子能源全球业务版图中的关键一环。目前,西门子能源公司在国内布局,主要通过和领军企业合作,发挥各自优势降低成本,推进技术应用。在实现"双碳"目标的背景下,业内遵循着需求拉动供给的规律,以技术解决方案节能降本,推动应用规模化的形成(表3-30)。

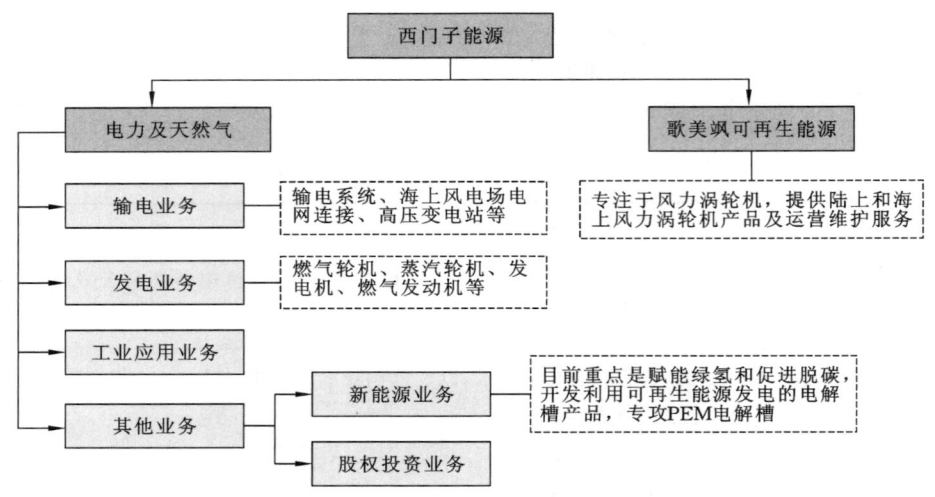

图 3-6 西门子能源业务

资料来源：根据西门子能源公司年报整理。

表 3-30 西门子中国本土化氢能布局

时间	具体措施
2019年9月	西门子股份公司总裁兼首席执行官 Joe Kaeser 和国家电力投资集团有限公司董事长钱智民在北京签署《关于绿色氢能发展和综合利用的合作谅解备忘录》
2020年8月	西门子能源公司为中国电力氢能创新产业园提供一套撬装式 PEM 电解水制氢系统 "Silyzer 200"，这是西门子能源公司在中国落地的首个兆瓦级别绿色制氢项目。该项目所在的北京市延庆区是北京2022年冬奥会和冬残奥会的三大赛区之一，西门子能源公司的制氢解决方案将确保赛事期间和赛后的公共交通运营所需的氢能供应
2021年1月	西门子能源深圳创新中心落成，创新中心将聚焦智慧能源、先进燃机与绿色氢能三个技术领域，打造中国和欧盟在可持续发展与数字化领域合作的灯塔示范项目
2021年11月	西门子能源公司与国家能源集团签署了战略合作协议，双方将在燃机、氢能、海上风电等清洁能源领域全方位加强合作
2022年11月	西门子能源公司支持国家电力投资集团有限公司（简称国家电投）所属北京重型燃气轮机技术研究有限公司、国家电投湖北分公司在荆门绿动能源有限公司成功实现一台西门子能源 SGT-800 燃机 30％掺氢燃烧改造

2. 布局氢能全产业链的百年老店——法国液化空气集团

法国液化空气集团（Air Liquide，简称法液空）成立于1902年，是世界上最大的工业气体和医疗气体以及相关服务的供应商之一[28]，拥有60多年氢气生产使用历史，从上游的氢气生产和液化，到中游的储存、运输，再到下游的加注，法液空在氢能全产业链的主要环节都有布局，是全球为数不多的氢能全产业链企业（表 3-31）。在全球范围内，法液空已经成功建设了75座加氢站，其中5座位于法国。法液空计划到2035年在低碳氢全价值链投资约 80 亿欧元,到 2030 年电解水制氢总装机容量增至 3 GW。

表 3-31 法液空的氢能版图

产业链	具体表现
制氢	灰氢:法液空在全球拥有 50 个大规模制氢装置,合计年产量 125.9 万 t。融合法液空多种技术的 Cryocap™ H2 是一项采用低温工艺(涉及低温分离气体)的二氧化碳捕获技术,是唯一一种能够减少制氢过程中释放的二氧化碳并同时增加制氢量的技术,后续可将二氧化碳液化和纯化,以最终满足当地工业市场的需求。该技术目前已应用在诺曼底杰罗姆港的埃克森美孚蒸汽甲烷重整制氢装置中。 蓝氢:法液空启动蓝氢计划,旨在逐步推动蓝氢在能源领域的生产过程实现脱碳。该公司承诺到 2020 年通过沼气重整制氢、可再生能源电解水制氢以及引入 CCS 的天然气制氢等方式,使生产的氢气至少有 50% 来自这些无碳过程。目前,蓝氢计划所产氢气主要供应其所属的加氢站。 绿氢:2016 年,法液空在丹麦霍布罗探索利用其丰富的风电资源生产零碳氢气,并提升电网的稳定性。项目电解槽容量为 1.2 MW,每天可产生约 500 kg 氢气供应其当地子公司运营的 5 座加氢站,投运以来已累计生产绿氢 60 t。2018 年底,法液空宣布将在加拿大魁北克省建设容量为 20 MW 全球最大的 PEM 电解槽制氢装置,每天可制取 8 t 绿氢,每年将减少 27 000 t 碳排放。此外,法液空还投资 1800 万欧元入股加拿大电解槽设备和燃料电池厂商水吉能公司,当前持股 20%,其余 80% 为康明斯所持有
氢储运	液氢:2018 年 11 月,法液空宣布投资 1.5 亿美元在美国加利福尼亚州建造一座液氢生产装置(日产能 30 t),并与 First Element Fuel(FEF)签订了长期合同,投运后可为美国 35 000 辆燃料电池汽车提供服务。2019 年 10 月,法液空宣布再耗资 2.5 亿美元在美国内华达州拉斯维加斯 Apex 工业园南端建设一座液氢工厂,氢气来自沼气提纯的可再生天然气,其中部分氢来自液空公司先进的膜分离技术。 长管拖车:国际常见的工业用 16.5 MPa 氢气长管拖车可载氢 300 kg,法液空的 45 MPa 氢气长管拖车可载氢 440 kg,容量提升近 50%。 管道:法液空在欧洲、北美、中东运营着超过 1850 km 的氢气管道。尤其在美国墨西哥沿岸,法液空运营着超过 3200 km 的气体管道,给客户提供氢气、氧气和氢气解决方案。2017 年,法液空租用美国得克萨斯州博蒙特的地下盐洞储氢,以提高其在墨西哥湾沿岸的氢气供应能力。该盐洞深 1500 m,直径近 70 m,是当前全球最大的氢气储存设施,能够容纳大型蒸汽甲烷重整装置(SMR)近 30 天的产氢量
加氢站	2012 年,法液空在德国杜塞尔多夫投运了其第一个商业化运营的加氢站。2020 年 7 月,法液空宣布将在欧洲建造一座大容量的高压加氢站,该加氢站建设地址位于法国普罗旺斯-阿尔卑斯-蓝色海岸地区的液化空气公司滨海场址,压力为 70 MPa,日加氢量为 1000 kg/d。目前,法液空已在全球设计和建造超过了 120 座加氢站,遍布法国、德国、美国、丹麦、比利时、荷兰、英国、日本、韩国、沙特等十多个国家。可以说,全球每 3 座加氢站就有 1 座来自法液空。此外,法液空还通过入股德国 H2Mobility、日本 JHyM、加州 CaFCP 加氢网络平台,以深度参与未来全球氢能重点地区的加氢基础设施建设,确保其全球领先氢能供应商地位

2022年,法液空全年营业收入达299.34亿欧元,同比增长28.3%,全年净利润达27.59亿欧元,同比上涨7.3%。从业务类别来看,受到能源价格及货币政策的利好支撑,工业气体业务营收占比为95.5%,仍然是法液空最大的收入来源,但增长幅度仅为6.1%;全球市场及技术服务营收增长高达25.8%,沼气保持强劲势头,涡轮-布雷顿液化天然气再液化装置的销售为增长作出了贡献。2022年法液空工业气体板块收入达285.73亿欧元,从地区来看,欧洲地区贡献了最多的营收,为113.9亿欧元,占到了总营收的39.9%,同比增长37%;营收增长最少的是亚太地区,同比增长仅为17.1%。

在中国,随着碳达峰、碳中和方案的加速落地,法液空正积极和各个合作伙伴一起在氢能领域深耕,致力于对中国的能源转型起到推动作用(表3-32)。早在1916年,法液空就进入中国市场,于20世纪70年代重返中国市场提供空分设备,并于90年代初开始其在华气体业务。目前,法液空在中国40多个城市投资建设了近120家工厂。

表3-32 法液空中国本土化氢能布局

时间	具体措施
2008年6月	法液空与中国氢能产业因"长征五号"航天项目而结缘,为"长征五号"提供液氢燃料,蓝星(海南)航天化工有限公司引进法液空的冷箱设备和配套相关设备
2018年6月	法液空与氢车熟路汽车运营(上海)有限公司签约,共同推进燃料电池汽车商业化
2019年1月	法液空与山东兖矿集团签订合作框架协议,兖矿集团提供氢气来源,而法液空提供加氢站设备和运营服务,双方将合作共建山东省加氢站网络,打造完整的氢能产业链
2019年5月	厚普股份的全资子公司四川厚普卓越氢能科技有限公司(厚普氢能)与法液空的全资子公司液化空气先进技术有限公司共同投资,成立了一家从事氢燃料电池电动车加氢站的开发、生产及销售的合资公司——液空厚普。10月,浙江省首座加氢站——中国石化浙江嘉兴嘉善善通加油加氢站正式投入运营,该项目由厚普清洁能源股份有限公司以EPC模式进行总承包。目前,液空厚普及厚普股份已参与包括中国石化浙江嘉兴嘉善善通加油加氢站、上海中石化西上海(安智)油氢合建站、佛山市荔村加氢站、四川一汽丰田加氢站、济南公交加氢站、宁东加氢站综合能源站、4座服务冬奥会的加氢站(中石化崇礼西湾子加氢站、中石化燕化兴隆油氢合建站、中关村延庆园加氢站、张家口纬三路加氢站)等在内的十多个项目
2019年8月	众泰汽车与法液空共同开发的氢燃料电池金属板电堆设计完成
2019年11月	众泰汽车与法液空技术创新中心正式签订合作协议,将共同研发金属双极板燃料电池电堆,未来众泰旗下车型将搭载新研发的电池。 中国石化集团有限公司董事长戴厚良与法液空董事长兼首席执行官博天代表双方公司在北京人民大会堂签署合作备忘录,探讨加强氢能领域合作。正值中法建交55周年之际,两国企业签署氢能合作文件,揭开了中法清洁能源合作崭新篇章。此前,法液空和中国石化已经合资成立了3家工业气体公司,此次合作将发挥法液空在氢气制、储、运、加全产业链的专业经验,为中国发展氢能和燃料电池提供有竞争力的氢气供应方案

表3-32(续)

时间	具体措施
2020年11月	法液空与鸿达兴业签署合作意向书,布局液氢领域。鸿达兴业股份有限公司将建设液氢装置,法液空(杭州)有限公司将协助鸿达兴业进行液氢装置的技术和经济性分析,并就相关技术方案进行合作
2020年12月	法液空中国与四川中核国兴科技有限公司(简称中核国兴)在成都签署全面合作协议,进一步推进华西南地区的氢能产业链部署,尤其是可再生氢能产业的发展。双方将发挥各自优势,在四川省雅安市成立合资企业,携手打造"氢能产业集群"项目,建设运用水电的大规模电解水制氢、氢液化及空分工厂项目,以稳步推进可再生氢的生产及储运。法液空还将与中核国兴在加氢站项目领域开展合作,同时进行氢能技术与装备制造领域的研发工作
2021年3月	浙江嘉兴平湖市政府与浙江卫星石化股份有限公司、法液空签署《新材料新能源一体化项目合作框架协议》,拟在平湖市的独山港经济开发区共建年产175万t新材料新能源一体化项目。该项目旨在构建氢能战略合作生态圈,推动长三角地区氢能产业发展新格局。项目建成达产后,预计可实现年产值200亿元
2022年7月	法液空子公司上海化学工业区工业气体有限公司拟投资超过2亿欧元,在上海化学工业区新建2套氢气生产装置及配套设施。这两个装置的氢气总产能为6.3 t/h
2023年4月	商务部重点外资项目法液空天津氢能供应基地在天津港保税区临港区域正式注册启动,该项目总投资预计超过10亿元人民币,分两期购地建设,一期规划建设1套氢气提纯装置、1套氢气加压充装装置以及配套公用工程设施等,预计2024年下半年投产;二期项目将根据氢能市场发展情况,择时新建1套氢气液化单元,预计年产高纯氢气约1万t

3. 全球最大的电解槽生产商——挪威Nel Hydrogen公司

Nel Hydrogen公司位于挪威,成立于1927年,是目前全球最大的电解槽制造商,产品覆盖各种型号的碱性电解槽和PEM电解槽。Nel Hydrogen最初业务主要涉及电解水制氢领域,发展至今已有超90年的碱性电解槽技术积累。纵观Nel Hydrogen的发展史,称得上是一段光辉而崎岖的发展历程(表3-33)。

表3-33 Nel Hydrogen公司电解槽业务发展历程

阶段	具体表现
孕育期	1927年,挪威海德鲁(Norsk Hydro)公司开始制造电解槽,并在诺托登(Notodden)安装了世界第一台大型压滤式电解槽,当时每小时产氢量达899 kg,生产的纯氢用于化肥生产试验
	1940年,海德鲁公司在挪威尤坎(Rjukan)安装了当时世界上最大的电解槽,每小时利用水电产生的氢气总产能超过2.7 t

表3-33（续）

阶段	具体表现
孕育期	1947年，挪威海德鲁公司成立了提高电解槽效率的开发小组，新设计节能25%
	1953年，海德鲁公司在挪威北部的格鲁姆峡湾(Glomfjord)启动了其第二个大型电解槽厂，为合成氨生产提供氢气
	1959年，海德鲁公司电解槽开发小组将整个电解槽单元重新设计，形成了现在的常压碱性电解槽的基础
成长期	1974年，海德鲁公司成立了一个独立部门——Norsk Hydro Electrolysers(NHEL)，开始对外销售电解槽，主要关注北欧市场
	1988年，非石棉隔膜被引进，NHEL成为世界上第一家提供无石棉碱性水电解槽的电解槽供应商，并在国际上销售其产品
	1991年，挪威海德鲁公司Glomfjord的电解厂关闭，另外Rjukan的化肥生产厂也于1970年关闭，由此NHEL的氢业务转为纯商业性业务
	1993年，NHEL剥离成为一个独立的公司，由挪威海德鲁公司完全拥有
	2001年，NHEL的第一个加压电解槽推出市场
	2003年，NHEL在冰岛的雷克雅未克(Reykjavik)开设了世界上第一个公开使用的加氢站
	2004年，NHEL在挪威的Utsira交付了世界上第一个电转气项目
	2006年，NHEL更名为氢技术公司(Hydrogen Technologies)
	2007年，挪威国家石油公司在合并挪威海德鲁公司后成为氢技术公司的所有者
	2011年，氢技术公司被出售给Strata Marine Offshore(股东)公司及其管理层，并正式更名为Nel Hydrogen
	2014年，本公司重组后，DiaGenic收购了Nel Hydrogen控股公司100%的股份
扩张期	2014年，Nel Hydrogen在奥斯陆证券交易所上市
	2015年，Nel Hydrogen收购H2 Logic，为产品组合增加了世界领先的氢燃料技术
	2017年，Nel Hydrogen收购Proton OnSite获取领先的PEM电解技术，成为世界上最大的电解槽公司
	2018年，Nel Hydrogen完成了世界上最大的氢燃料站制造工厂的建设，年产量为300台
	2019年，Nel Hydrogen宣布世界最大电解槽制造工厂建设计划，以容纳数十亿挪威克朗订单

Nel Hydrogen深耕氢能领域，主营产品分为氢电解槽和加氢站两类，分别由Nel Hydrogen旗下Nel Hydrogen Electrolyser和Nel Hydrogen Fueling负责业务开展。其中，氢电解槽包括A系列常压碱性电解槽、M系列PEM电解槽、C系列PEM电解槽、H系列PEM电解槽、S系列PEM电解槽等（表3-34），加氢设备包括H2Station™加氢站及其配套的氢气分配器、氢燃料储存器等（表3-35）。下游客户资源丰富，包括Nikola（燃料

电池重卡制造商)、丹麦 Everfuel A/S(氢能基础设施开发商)、法国 Lhyfe Labs SAS(绿氢生产商)、西班牙 Iberdrola(风电运营商)等大型企业。

表 3-34　Nel Hydrogen 电解槽产品

产品类别	产品名称	规格型号	产品性能
氢电解槽	常压碱性电解槽（A系列）	A150、A300、A485、A1000、A3880	节能效果显著,电池堆功耗低至 3.8(kW·h)/Nm³; 单电堆容量最高可达 2.2 MW; 最高产氢量可达 0.35 t/h
	PEM 电解槽（M系列）	M2000、M3000、M4000、M5000	响应快速、生产灵活; 场地要求低,维修少; 每小时产氢量为 179.8~449.5 kg,氢气纯度为 99.999 8%
	PEM 电解槽（C系列）	C10、C20、C30	每小时产氢量为 0.899~2.697 kg; 结构紧凑,可集装箱化; 运行噪声小,易于维护
	PEM 电解槽（H系列）	H2、H4、H6	每小时产氢量为 0.539 kg,氢气纯度为 99.999 5%; 对设施占地面积的影响最小,易于维护并且可以在数小时内安装
	PEM 电解槽（S系列）	S10、S20、S40	每小时产氢量为 0.094 kg,氢气纯度为 99.999 5%; 维护成本低,结构紧凑,几乎可以在数小时内安装在任何地方,运行噪声小

表 3-35　Nel Hydrogen 加氢产品

产品类别	产品名称	规格型号	产品性能
加氢设备	H2Station™	HS004、HS005、HSABB、HSAAA	占地面积仅 7.3 m²; 日加氢量以 500~1500 kg 为主; 能实现 35 MPa 和 70 MPa 双压力等级加氢
	氢气分配器	35 MPa EU、70 MPa EU、70 MPa KR、70 MPa US、35 MPa US	结构紧凑,适用于 H2Station™; 易于安装,无需地下温度调节设备,可放置在加油机旁,共享加油通道; 使用红外通信可为储氢压力为 35 MPa 和 70 MPa 双等级的燃料电池汽车加氢
	氢燃料储存器	FS004、SS004、FS005、SS005、ST-AAA、ST-ABA	适用于 H2Station™,可为储氢压力为 35 MPa 和 70 MPa 双等级的燃料电池汽车快速加注氢气; 可根据场地面积选择合适尺寸

从业务营收规模看,2022 年 Nel Hydrogen 总营收为 9.94 亿挪威克朗,同比增长 25%,其中电解槽收入为 7.48 亿挪威克朗,加氢站等收入为 2.45 亿挪威克朗。与 2021 年的情况类似,2022 年 Nel Hydrogen 营收增量主要来自电解槽业务,其加氢站等收入出现了进一步收缩的情况。2022 年 Nel Hydrogen 电解槽营收甚至已经接近 2021 年全年营收。2022 年 Nel Hydrogen 新增订单达 22.75 亿挪威克朗,较 2021 年增长 135%,其中 9 成以上来自电解槽业务(表 3-36)。

表 3-36 Nel Hydrogen 2021—2022 年营收情况(单位:亿挪威克朗)

指标	2021 年	2022 年	同比增长
总营收	7.98	9.94	25%
电解槽收入	4.66	7.48	61%
加氢站等收入	3.32	2.45	−26%
订单额	9.68	22.75	135%
新增订单额	12.30	26.13	112%

资料来源:根据 Nel Hydrogen 公司 2022 财年年报数据整理。

Nel Hydrogen 公司碱性电解槽和 PEM 电解槽的产量持续扩大,获取大规模订单是其未来的主要目标(表 3-37)。2022 年 4 月,Nel Hydrogen 位于挪威全自动化碱性电解槽工厂的第一条 500 MW 碱性电解槽生产线启动,公司预计装机容量提升至 2 GW;此外,公司 PEM 电解槽的 500 MW 生产线也已完成选址,定于美国,将加速 PEM 电解槽产业化。公司从 Woodside Energy 收到的 6 亿挪威克朗大型碱性电解槽订单,单笔订单额占 2022 年公司总订单额的 30%,其他订单规模也有明显扩张趋势,公司电解槽部门表示,将继续把获得大规模订单作为主要目标。

表 3-37 2022 年 Nel Hydrogen 公司部分订单统计

订单类别	装机容量	价值	客户	应用场景
PEM 电解槽	—	200 万欧元	未披露的印度客户	—
PEM 电解槽	—	300 万欧元	Glencore Nikkelverk	用于盐酸生产
碱性电解槽	200 MW	4500 万欧元	未披露的美国客户	
PEM 电解槽	—	400 万欧元	Skovgaard Energy	风光动态绿氢工厂
碱性电解槽	40 MW	120 万欧元	HyCC	用于荷兰 Delfzijl 的 H2eron 项目,以工业副产氢作为航空可持续燃料
PEM 电解槽	—	6 亿挪威克朗	Woodside Energy	液氢生产,用于氢燃料电池和商用重型运输车辆的驱动

表3-37（续）

订单类别	装机容量	价值	客户	应用场景
碱性电解槽	40 MW	1.2亿挪威克朗	Statkraft	—
MC500 PEM电解槽	—	400万欧元	Viva energy	—
集装箱式PEM电解槽	—	300万美元	美国LanzaJet	用于航空可持续燃料

本章主要参考文献

[1] 车百智库,百人会氢能中心.开启氢能在交通、工业、建筑、储能领域多场景应用:中国氢能产业发展报告2022[R].北京:百人会氢能中心,2022.

[2] Fuel Cell & Hydrogen Energy Association.Roadmap to a U.S. hydrogen economy[R].California:FCHEA,2019.

[3] 陆娆.美国产业界发布氢能经济路线图[J].科技中国,2020(11):100-102.

[4] U.S.Department of Energy.Department of Energy hydrogen program plan[EB/OL].(2020-11-12)[2022-7-20].https://www.hydrogen.energy.gov/pdfs/hydrogen-program-plan-2020.pdf.

[5] 日本国首相官邸.新増長戦略——日本復興戦略:日本帰来[EB/OL].(2013-06-20)[2022-07-20].https://www.kantei.go.jp/cn/96_abe/policy/2013/1200419_9052.html.

[6] 経済産業省.エネルギー基本計画[EB/OL].(2014-04)[2022-7-20].https://www.enecho.meti.go.jp/category/others/basic_plan/pdf/140411.pdf.

[7] 再生可能エネルギー・水素等関係閣僚会議.水素基本戦略[EB/OL].(2017-12-26)[2023-11-16].https://www.cas.go.jp/jp/seisaku/saisei_energy/pdf/hydrogen_basic_strategy.pdf.

[8] 水素・燃料電池戦略協議会.水素・燃料電池戦略ロードマップ水素社会実現に向けた産学官のアクションプラン[EB/OL].(2019-3-12)[2022-7-20].https://www.meti.go.jp/shingikai/energy_environment/suiso_nenryo/roadmap_hyoka_wg/pdf/002_s05_00.pdf.

[9] 経済産業省.エネルギー基本計画[EB/OL].(2021-10-22)[2022-7-20].https://www.enecho.meti.go.jp/category/others/basic_plan/pdf/20211022_01.pdf.

[10] 覃文奕.韩国氢能经济,一场生死未卜的政府"赌局"[EB/OL].(2020-08-19)[2022-07-20].https://baijiahao.baidu.com/s?id=1675403864017876394&wfr=spider&for=pc.

[11] 薛严.布局氢能经济,韩国有雄心[N].科技日报,2021-12-14(4).

[12] 李学华.到2030年出口氢气产值有望达17亿美元——氢能或成澳大利亚下一个"金矿"[EB/OL].(2019-05-06)[2022-07-25].http://intl.ce.cn/sjjj/qy/201905/06/t20190506_32004013.shtml?wo.

[13] Australian Government Department of Industry,Science,Energy and Resources.State of hydrogen 2021[R/OL].(2021-12-10)[2022-07-25].https://www.dcceew.gov.au/sites/default/files/documents/state-of-hydrogen-2021.pdf.

[14] Fuel Cells and Hydrogen Joint Undertaking.Hydrogen roadmap Europe:A sustainable pathway for the European energy transition.[R].Luxembourg:FCHJU,2019.

[15] 万燕鸣,熊亚林,王雪颖.全球主要国家氢能发展战略分析[J].储能科学与技术,2022,11(10):

3401-3410.

[16] 香橙会研究院.2021年全球氢燃料电池汽车保有量近5万台,氢车推广势必加速[EB/OL].(2022-02-08)[2022-07-25].https://nev.ofweek.com/2022-02/ART-71008-8420-30548735.html.

[17] 陈英姿,刘建达.日本车用氢能的产业发展及支持政策[J].现代日本经济,2021(2):80-94.

[18] 刘峻,赵汪,高学强,等.全球加氢站产业、技术及标准进展综述[J].太阳能学报,2022,43(6):362-372.

[19] MUNOZ J F.The hydrogen powered car is alive:Sales up by 84 percent in 2021[EB/OL].(2022-03-17)[2022-07-25].https://www.motor1.com/news/574229/hydrogen-powered-car-alive-sales-up-84-percent.

[20] 搜狐新闻网.行业数据|前4月全球氢燃料电池汽车总销量5908辆同比呈疲软态势[EB/OL].(2022-06-15)[2022-07-25].http://news.sohu.com/a/557539073_121124483.

[21] 澎湃新闻.产业新动向|日本氢能实践:建全球供应链,发挥企业联盟作用[EB/OL].(2022-05-18)[2023-05-01].https://baijiahao.baidu.com/s?id=1733147484121326414&wfr=spider&for=pc.

[22] 徐静波静说日本.日本氢能社会建设的未来像[EB/OL].(2022-05-18)[2023-05-01].https://www.163.com/dy/article/I1SKGCV90521RN24.html.

[23] 佚名.韩国氢能市场简析[EB/OL].(2022-01-25)[2022-10-12].https://news.bjx.com.cn/html/20220125/1201379.shtml.

[24] 全球氢能网.2021年全球新增142座加氢站,总量达到685座[EB/OL].(2022-03-17)[2022-10-12].https://mp.weixin.qq.com/s/00nS7EYc8OddqYBruTpjJA.

[25] BECKY.韩国昌原首座集成式加氢站建成[EB/OL].(2022-10-12)[2022-10-12].https://news.bjx.com.cn/html/20221012/1260360.shtml.

[26] 观研报告网.2021年全球氢燃料电池汽车销量及市场保有量占比分析[EB/OL].(2022-07-14)[2022-07-25].https://www.chinabaogao.com/data/202207/604005.html.

[27] GHARTLEY P,AU V.Towards a large-scale hydrogen industry for Australia[J].Engineering,2020,6(12):1346-1348.

[28] 第一元素网.全球第二大气体公司氢能布局提速[EB/OL].(2020-07-03)[2023-05-01].http://www.h2media.cn/zixun/2316.html.

第四章

国际氢能产业发展对中国的启示

世界各国氢能战略实施分为市场创造、技术示范和规模化应用三个阶段。在推动氢能产业发展的过程中,各国战略布局和具体产业发展目标之间既有共性,又有不同的侧重方向。各国氢能产业发展对中国氢能产业发展具有很好的启示作用。

第一节 氢能制备与储运

受碳中和目标约束,主要国家和经济体在氢能长期发展目标中将可再生能源制氢(绿氢)视为核心,但现阶段蓝氢等低碳氢仍在扩大氢能产业规模、促进氢经济起步、推动能源系统脱碳等方面扮演着关键角色。在扩大国内氢能产业供给能力方面,制备和储运是两个重要抓手。

一、氢能制备

可靠、经济和可持续的氢气制备是氢能产业发展的基础。由于不同国家资源禀赋与能源发展成熟度各异,其制氢路线也存在差异。各国依据自身资源优势,因地制宜地确立了各自的制氢路线,力求提升氢能产业供给能力。

美国由于天然气资源丰富、成本低廉,加之 CCUS 技术规模化部署条件相对成熟,因此在产业低碳化发展方向上,首选通过"天然气+CCUS"获得蓝氢,其次是通过可再生能源电解水制氢方式获得绿氢。目前,美国杜邦公司掌握了 PEM 电解水制氢核心材料,并占据了市场主导地位;美国 Proton Onsite 公司作为 PEM 制氢机领先生产企业,其业务遍及全球 72 个国家和地区,PEM 电解水制氢全球市场占有率为 70%[1]。

日本化石能源短缺,长期以来通过建立海外供应链,大量进口制氢所需的化石能源,并配套使用 CCUS 技术以获得蓝氢,这是其主要的氢气制备方式。随着碳减排压力加大,为提高能源自给率,日本逐渐重视绿氢的发展,并提出利用风电、光伏发电等富余电力发展可再生能源制氢。日本正在加强可再生能源制氢的基础研究与示范应用推广,东京大学 Domen 团队建立了一个 100 m² 的光催化太阳能制氢系统,该系统能在一年多的时间内安全运行。

同日本类似,韩国化石能源资源有限,能源对外依存度极高;加之国土面积小,且以山地地形为主,可再生能源资源也不丰富,因此在氢气制备方面,韩国以发展副产氢为主,同时发展电解水制氢和天然气重整制氢。

澳大利亚蕴含丰富的化石能源资源,煤炭、天然气出口量多年来稳居世界前列,同时该国也兼具较好的可再生能源资源禀赋,其太阳能和风能资源条件优越,因此澳大利亚制氢来源可选项较多。首选通过光伏发电等可再生能源制氢方式获得绿氢,如西澳大利亚正建设 Western Green Energy Hub 大型项目,目标是配套 50 GW 的风能和光伏发电驱动的绿氢项目,每年生产超 350 万 t 绿氢[2];其次是通过"化石能源+CCUS"获得蓝氢。

欧盟油气资源匮乏,但是可再生能源资源相对丰富,特别是北海地区的风能资源条件全球最优。得益于此,欧盟积极利用自身优势,大力推进绿氢规模化发展,加速低碳转型步伐。目前,欧洲企业利用北海风力资源成功开发了两个百万吨级绿氢项目,分别是德国 AquaVentus 和荷兰 NortH2,并且准备在丹麦开展人工能源岛计划,这三个项目依托大规模海上风电,预计于 2030—2040 年实现海上风电装机容量 10 GW 以上,最终绿氢年产能可达 100 万 t[3]。德国石化工业发达,工业副产氢资源相对丰富,工业副产氢成为德国制氢来源之一。

二、氢能储运

在氢能储运方面,管道运输将成为未来主流的运输形式。管道输氢损耗小、成本低、容量大,其长距离运输方式能够更好地为全球贸易服务,受到世界主要国家青睐。目前各国依据氢能供需形势,设计氢能储运方式,纷纷研发氢气和天然气管道混输技术;后期待氢能产业规模扩大后,再修建纯氢管道或将天然气管道改造为氢气管道。

澳大利亚将自身定位为未来氢能出口国,德国、日本、韩国将自身定位为未来氢能进口国。德国、日本、韩国、澳大利亚等国强调发展液氢储运,以利于海运,目前已进入规模化产业生态阶段。日本作为未来氢能进口国,主要关注氢输运船舶领域,目标是在全球范围率先实现船舶商用,并出口相关设备和关键技术[4]。欧盟聚焦于纯氢管道运输系统建设,已建成超过 1500 km 氢气管道[5];"欧洲氢能主体计划"项目预计于 2040 年完成近 40 000 km 的氢气管道建设。此外,欧洲各国致力于推进天然气管道掺氢研究,其中欧洲中部陆上能源枢纽德国强调建立跨境天然气-氢气混输管道,目标是到 2025 年将管道容量增大 20%,并通过对部分天然气管道进行升级,满足未来 100% 的氢气需求。

美国提出化学氢载体方式,通过氢与液体或固体材料的化学结合,实现低压和常温下大规模氢气运输。美国拥有 2600 km 以上氢气输送管道,位居世界第一。同时,美国提出以液态有机化合物、固体金属氧化物(美国 ECD Ovonic 公司的储氢罐[6])、富氢材料液氨作为载体进行氢气储运,从而实现氢气大规模国际运输。

第二节 氢能产业链国际化与应用场景多元化

为了提高氢能产业供给能力,各国一方面依据氢能供需形势,设计氢能储运方式,纷纷研发氢气和天然气管道混输技术,在国内加强氢能制备和储运能力建设;另一方面高度重视氢能产业链国际化布局,积极推进能源共同体建设,两手共抓,推动氢能产业发展。

一、氢能产业链国际化

欧盟加强与邻国(特别是乌克兰)清洁氢能合作,计划于 2030 年在欧洲东部和南部地区部署 40 GW 电解槽装置,同时与非洲联盟开展绿氢制备合作,借助非洲丰富的可再生资源,向欧盟提供稳定、持续的清洁氢能和可再生电力。

欧盟预计,2050 年清洁氢能将占全球能源需求的 24%,其年贸易额有望达到 6400 亿欧元,计划构建以欧元为基准计价的氢气交易体系,2030 年建成欧盟氢能市场。加拿大、日本积极推进区域性氢能国际贸易。未来氢及衍生品国际贸易将成为一个意义重大的工业和地缘政治因素。

二、氢能应用场景多元化

随着全球氢能产业技术快速发展,世界各主要国家氢能产业从技术示范阶段逐步走向规模化应用阶段,拓宽了氢能终端应用空间。作为终端能源,氢能目前主要应用于工业领域和交通运输领域,但主要国家和经济体在细分领域各有侧重,欧洲绿氢应用主要方向是促进高碳排工业区低碳转型,日本、韩国等亚洲国家看中乘用车领域市场化推广,美国、德国和澳大利亚则在重载运输领域赋予氢能重要地位。

1. 工业领域

氢能够替代化石能源作还原剂,大幅降低工业生产过程中的碳排放量,促进高耗能行业清洁生产。在氢冶金方面,瑞典钢铁 HYBRIT、德国萨尔茨吉特 SALCOS 和奥钢联 H2FUTURE 等项目进行了相应探索[7],通过对原有高碳工艺进行改造,降低生产过程中二氧化碳的排放量,同时实现富余氢气多用途利用。

作为欧洲碳减排目标相对激进的典型国家,德国应用氢能的主要领域是工业部门,应用重点是助力难减排行业实现碳中和,强调在钢铁冶金行业使用氢气直接还原工艺(绿色冶金),在化工行业以绿氢、蓝氢替代灰氢,通过此类方式形成工业生产"零碳排"新模式。日本计划通过其全球公认成效显著的"领跑者"制度促进氢还原炼铁技术发展[8],确立该技术的世界领先地位。日本政府预计,2050年全球利用该技术炼制的铁产量将达5亿t/a。

2. 交通运输领域

日本、韩国以燃料电池开发为重点,力推氢能在交通运输领域的应用,聚焦氢燃料电池汽车市场化推广,并提出发展定量目标。其中日本计划到2030年之前氢燃料汽车保有量达到80万台,部署加氢站900座;同时日本积极研发用于物流的大型氢能卡车、氢能飞机和快铁等远程交通工具,并明确投入市场目标。如东日本旅客铁道株式会社计划2030年推出氢能列车[9]。韩国计划2040年氢燃料汽车市场规模达620万台(内销290万台,出口330万台),在全国范围内部署1200座加氢站。

美国、德国、澳大利亚侧重于重载运输业,积极推动氢燃料电池和氢能衍生合成燃料在航空、航海领域的应用。其中美国通过对涡轮机、回流发动机氢燃烧和燃料电池的电化学过程进行研究,提升氢能转换效率[10];德国强调发展氢燃料电池飞机和船舶,并鼓励这些氢能交通工具参与跨境运输;澳大利亚工业、科学、能源与资源部发布的《2021年氢能现状》报告指出,燃料电池汽车应在长途重载运输减排方面发挥积极作用,今后澳大利亚启动的未来燃料基金和货运生产计划都将进一步关注并支持重型运输系统发展。

3. 能源供给领域

氢能是未来构建以清洁能源为主的多元能源供给系统的重要载体。美国提出电网-可再生能源混合系统、化石能源混合系统和核混合系统等三类集成模式,并认为通过氢与混合能源系统的集成,可在中长期或季节性储能、电网平稳服务、工业用能及化工品制备等方面发挥独特优势[11]。

第三节 多层次政策支持与氢能技术商业化

一、法律政策

1. 美国

20世纪70年代,美国政府先后颁布了一系列氢能政策法规(表4-1)。

表 4-1 美国核心氢能法律政策一览

时间	法案	内容
1976年	《电动和混合动力汽车的研究、开发和示范法》	授权美国国家科学基金会对氢能相关研究项目进行管理
1990年	《氢研究、发展及示范法案》	制定了较为详细的氢能研发5年管理计划,旨在采用较为经济的方法,突破氢制备、储运和利用环节中的关键技术
1996年	《氢能前景法案》	开展氢能用于工业、住宅、运输的技术研究,重点论证氢燃料电池技术的可行性
2005年	《能源政策法案》	将发展氢燃料电池技术的有关项目写入法案中,并提出汽车制造商在2015年前为消费市场提供氢燃料汽车的目标。至此,美国形成了较为完整的推进氢能产业发展的法律体系
2012年	《能源政策法案(修订稿)》	重新修订了氢燃料电池政策方案,包括多项税收抵免和基础设施的奖励政策
2019年	《推动美国前进法案》	扩大氢燃料电池和电动车税收抵免,并将燃料电池信贷延长至2028年
2020年	《2020财年最终折中拨款法案》	2020财年美国能源部燃料电池技术办公室获得了1.5亿美元的拨款,用于推动燃料电池技术的发展,包括氢燃料研发、技术加速提高、氢基础设施研发等

2. 日本

日本坚持立法先行,能源法律体系相对完善,但随着氢能利用的推广以及氢燃料电池汽车的普及,既存法律法规需要修改完善。其中,相关法律法规的修订主要集中在加氢站建设与运营等方面。例如,原有的《高压气体保安法》规定,出于安全考虑,原则上氢燃料充填装置必须设置在距离公共道路8 m以上的安全区域。然而,这样的规定导致在土地资源相对紧缺、公共道路建设紧密的大多数城市中,较难找到能够满足《高压气体保安法》规定条件的建设地块,从而限制了加氢站的发展。为解决此问题,日本经济产业省放松管制,修订了《高压气体保安法》,将城市中建设35 MPa加氢站8 m以上的安全距离要求缩短为5 m。后又修订相关法令,允许在城市中建设70 MPa甚至更高加注压力加氢系统的加氢站,并允许放宽条件建设简易加氢站,以利于在城市中找到适合设置加氢站建设的地块[12]。

3. 韩国

2020年2月,韩国政府正式颁布全球首个《促进氢经济和氢安全管理法》,为氢能的研发和应用提供了安全保证,以促进基于安全的氢经济建设。该法律是韩国为了推动氢能产业的发展和安全管理而制定的,它规定了氢能的定义、分类、生产、运输、储存、供应、使用等方面的标准和规范,同时设立了氢经济委员会,负责制定和协调氢能相关的政策和计划。该法律是韩国实施《韩国氢能经济路线图》的重要法律基础,旨在为氢能产业的发展提供有力的制度保障,同时还明确了氢能事故的预防和应对措施,以及相关的行政处罚和刑事责任[13]。

4. 澳大利亚

澳大利亚氢能已进入产业化快速发展新阶段,昆士兰州、南澳大利亚州等地均已将发展氢能提升到地区战略层面,并相继颁布氢能法案以加快氢能产业化发展进程。2022年5月,澳大利亚昆士兰州政府发布了一项针对新兴的绿氢行业的安全行为守则草案[14]。针对现行法规义务条款中不适应氢燃料应用推广的某些方面,该法案提出了实现安全生产的替代方法,对于使用氢气作为燃料气体的行业具有重要价值,能够为安全运行、合规性检查和审批提供指南,促进氢能在昆士兰州迅速发展。2023年5月,南澳大利亚州政府颁布了《氢和可再生能源法案》[15],旨在简化投资大型氢能和可再生能源项目公司的流程,并降低投资者的风险,确保南澳大利亚州在脱碳方面的领先地位。根据公示的法案,公司将可以竞争获取南澳大利亚州政府准许的所有土地和水域的许可证,以建设氢能和可再生能源项目。此外,南澳大利亚州政府将为不同的氢能项目安排相应的许可证,从而实现项目全生命周期监管。

5. 欧盟

欧盟重视氢能产业支持政策的相关立法保障,其法律政策多以具体标准予以实施,具有规定细致、可操作性强的特点。如《(EC) No.79/2009法案》(2009)明确建立氢动力车辆准入审批制度,并且规定氢能汽车测试方法对所有成员国都有强制效力;《替代燃料基础设施指令》(2014)明确氢等替代燃料基础设施技术标准;《可再生能源指令》(2016)将氢能纳入欧洲能源系统。

2021年,欧盟根据气候中立目标调整支持政策方向,出台一系列相关法律法规,如出台《欧盟可持续和智能交通战略》,解决运输行业氢能应用问题;修订《替代燃料基础设施指令》《可再生能源指令》《气候、能源和环境保护国家援助指南》《欧盟碳排放交易制度》等欧盟法律文件。同年4月21日,欧盟就《欧洲气候法》达成临时协议,将2050年实现气候中立等目标写入法律,持续夯实清洁能源产业相关支持政策的法律基础。

欧盟成员国方面,近年来德国加速欧盟电力内部市场指令向国内转化,将氢能管网基础设施分步建设纳入法制规范要求,夯实氢能基础设施法治基础。2023年5月,德国联邦内阁通过了对《能源经济法》的修正案,其中规定了如何监管近期由德国联邦网络管理局首次通过的氢能核心网络许可。氢能核心网络的第一阶段将包含重要的氢能基础设施,这些设施将在2032年前投入使用。

二、财税政策

各国财税政策兼顾氢能需求培育和低成本供给,从"输血"到"造血",最终实现市场机制对氢能产业良性发展的调节作用。

1. 美国

美国联邦政府通过向消费者提供税收减免和经济补贴,间接促进企业研发,推动燃料电池产业化进程。除联邦政府外,很多州政府也根据各自情况陆续出台激励政策和税收优惠措施,促进燃料电池商业化落地。加利福尼亚州向当地购买或租用纯电动汽车、插电式混合动力汽车和氢燃料电池汽车的个人及家庭提供最高7500美元的退款;对额外参加San Joaquin Drive Clean Rebate 计划的合格的纯电动汽车和燃料电池车辆提供高达3000美元的额外退款,共计10 500美元;再加上7500美元的联邦税收抵免,在加利福尼亚州购置新能源汽车就可以节省高达1.8万美元。康涅狄格州向购置燃料电池汽车的个人和家庭提供多达9500美元的补贴,此外,公共事业公司还将向符合条件的买家提供额外1000美元的补贴,并提供2级家庭充电站的安装;俄克拉荷马州向购置总质量低于2.7 t 的电动汽车的个人和家庭提供一次性税收回扣550美元,向购置总质量为2.7~4.5 t 的电动汽车的个人和家庭提供9000美元的补贴,向购置总质量为4.5~12 t 的电动汽车的个人和家庭提供2.6万美元的补贴,向购置总质量超过12 t 的电动汽车的个人和家庭提供至高10万美元的补贴。

2. 日本

日本经济产业省、环境省与国土交通省等部门,对氢燃料电池汽车购买和加氢站等基础设施建设给予一定的财政补贴和税费减免。购买一台丰田 Mirai 和本田 Clarity 分别享受约202万日元、208万日元补贴;每座加氢站根据供氢能力、供应方式不同可获得1.8亿~2.8亿日元补贴。燃料电池车车主可享受免缴汽车重量税和购置税、免除购车次年汽车税75%等优惠政策,加氢站可免除最初3年固定资产税的1/3。在上述财政补贴和税收优惠政策鼓励下,ENE-FARM 热电联供系统和燃料电池汽车推广成效显著。

3. 韩国

韩国政府重视汽车产业与氢能协同发展,为保障本国能源安全和振兴产业经济,持续出台财税激励政策,实行车辆购置补贴、税费减免及高速公路费、停车费减免等激励措施,同时给予燃料电池设备企业和天然气制氢企业一定程度的价格优惠,并计划放宽加氢站建设限制,以促进燃料电池汽车产业、固定式燃料电池电站、家用燃料电池热电联供系统规模化发展。

在车辆补贴方面,2019年10月,韩国政府推出"氢能城市"计划,宣布2020年为氢燃料电池汽车和加氢站基础设施提供1304亿韩元财政补贴,较2019年增长52%。财政补贴适用于任何电动车车型,其中韩国中央政府对现代Nexo氢燃料电池车提供2250万韩元补贴,地方政府提供1000万~2000万韩元补贴;韩国中央政府对现代燃料电池卡车、客车提供约1.5亿韩元补贴,地方政府提供1.5亿韩元补贴。

韩国政府的"氢能城市"计划在2022年为15 000辆燃料电池汽车和1000辆氢气公交车提供了资金,资助了310座新的加氢站,未来5年内用于氢燃料电池以及加氢站补贴将达20亿欧元。

除补贴外,韩国政府以免税优惠形式为消费者提供进一步激励措施。作为一类低排放车辆,氢燃料电池汽车有资格获得高达50%的公共停车位折扣和由韩国高速公路公社提供的50%高速公路通行费折扣。

4. 澳大利亚

为鼓励零排放汽车市场的发展,澳大利亚氢能委员会发布白皮书——《开启澳大利亚的氢能机遇》,概述了在氢能产业的帮助下澳大利亚实现净零排放的途径并建议澳大利亚政府为购买氢能车辆的个人或家庭提供税收抵免并取消抑制购买的税收。该白皮书提出将设立一个净零专项氢基金,初始拨款为100亿澳元,到2030年每年增加10亿澳元。氢基金的优先事项是用清洁氢来脱碳并且实现大规模的应用。理想情况下,这些应用程序应该展示通过知识和技术共享或成本降低向其他应用程序开放市场的能力。早期优先事项应包括:为重型车辆试验以及轻型卡车和公共汽车试验提供资金,费用至少为5.65亿澳元;一项至少10亿澳元的氢气准备计划,用于无法轻松实现电气化的工业过程,包括(但不仅限于)用于生产铁、氨、甲醇和氧化铝等。

5. 欧盟

为保证《欧盟氢能战略》(2020)顺利实施,欧盟计划未来十年内以税收优惠、碳许可证优惠、财政补贴等形式向相关氢能企业提供1450亿欧元资金支持。

三、研发投入

1. 美国

美国联邦政府将氢能视为重要战略技术储备,持续鼓励科技研发,使得美国能够保持在全球氢能技术第一梯队。随着燃料电池汽车产业的发展,除政府投入大量研发资金外,通用、福特与戴姆勒-克莱斯勒等汽车生产巨头在燃料电池汽车领域也投入大量资金,在投资公司内部研发项目的同时,通过合资而非收购的方式与燃料电池生产商展开合作,共同研发新技术(表4-2)。

表 4-2 美国历年核心氢能研发投入一览表

时间	内容
2003年	发布《总统氢燃料倡议》,计划此后5年投入12亿美元
2006年	出台《能源政策法案》,提出5年内将在氢能和相关领域累计投入40亿美元,主要用于氢气生产、运输、储存以及燃料电池和氢能涡轮机发电等技术的研发
2010年	美国能源部用于氢燃料电池的研发项目资金又重新得到批准,燃料电池及氢能工业将重新获得1.74亿美元的政府支持资金
2012年	美国政府向能源部拨款63亿美元,用于燃料电池、氢能、车用替代燃料等清洁能源的研发和部署
2019年	美国参议院、众议院通过《2020财年最终折中拨款法案》,指出2020年支持资金为1.5亿美元;同年,美国能源部宣布资助3100万美元,用于推进"H2@Scale"计划的研究项目,旨在通过氢气生产、基础设施建设以及燃料电池技术的早期应用研发来推进氢燃料电池技术突破,实现经济、安全可靠的大规模氢气生产、运输、储存和利用
2020年	美国能源部宣布在"煤炭优先"计划下投入1.18亿美元,支持开发先进的小型、灵活碳中性燃煤电厂,以及基于该类电厂的无碳制氢技术
2021年	1月,美国能源部宣布投入1.6亿美元,改造美国化石燃料和发电基础设施以生产脱碳能源和产品,开发基于化石燃料的氢生产、运输、储存和应用相关技术以推进实现净零排放。 7月,美国能源部投入5250万美元资助31个氢能项目,旨在推进下一代清洁氢能技术,并支持近期宣布的"氢能攻关"计划,降低氢能成本并加速其技术突破。 10月,美国能源部宣布有近800万美元的资金将用于9个合作项目,这些项目将补充现有"H2@Scale"计划的工作,并支持能源部实现"氢能攻关"的目标,即在10年内将清洁氢的成本降低80%;同月,美国能源部宣布将提供2000万美元的资金用于研究利用核能生产清洁氢能源的技术,这种创新的制氢方法将使清洁氢成为零碳电力的一种来源,并成为核电站除电力以外的一种重要的经济产品
2022年	美国能源部制定95亿美元的清洁氢投资计划;3月,美国能源部宣布投入2800万美元用于清洁氢能的研发和前端工程设计项目,旨在开发创新下一代制氢技术,利用城市固废、残留煤炭废物、废塑料和生物质原料低成本生产清洁氢

2. 日本

日本政府在氢能发展上给予了极大的资金扶持,是氢燃料电池研发领域投入最多的国家。2020年日本经济产业省投入52.5亿日元用于氢燃料电池相关技术研发,2021年在该领域投入66.7亿日元[16]。2021年3月,日本经济产业省发布《资源经济相关预算概要》并指出,为加速实现氢气社会,所规划的财政年度预算为707亿日元;同年6月15日,日本政府提出未来10年内将拨款3700亿日元支持氢能发展。日本各大能源企业服务于国家能源战略,纷纷开拓氢能业务,投入数倍于政府的资金,用于氢燃料电池技术研发,加速推进氢能源产业发展。

3. 韩国

韩国将氢能看作其未来经济发展引擎。2008年韩国开始实施"低碳绿色增长战略"，其中对燃料电池研发项目投资金额达16.38亿元人民币。2010年韩国公布一项斥资380亿美元的"绿色新政"项目，其中许多计划都与燃料电池和氢能项目相关。2012年韩国政府实施"绿色氢城市示范"项目，计划在2012—2018年间投入877亿韩元，用于建设绿色氢城市，主要投资内容为氢气生产和管理以及燃料电池生产等[17]。2018年韩国将"氢经济"划分为韩国未来发展三大战略投资领域之一。2020年7月韩国政府发布新政，向包括数字、绿色经济和"安全网"领域提供近160万亿韩元资金，其中中央政府提供115万亿韩元，其余资金将由地方政府和私营部门提供。

4. 澳大利亚

澳大利亚氢能产业目前尚未商业化，需投入大量资金。截至2021年底，澳大利亚政府氢能资助计划对氢工业直接支持超12亿澳元。其中，4.64亿澳元用于"激活区域氢工业：清洁氢工业中心"计划；超3亿澳元用于支持开发碳捕集、封存(CCS)及碳捕集、利用和封存(CCUS)项目；超1亿澳元用于资助3个10 MW制氢电解槽项目；超3亿澳元用于促进行业创新、协作和知识共享，为研究、开发和示范活动提供资金支持。除此之外，一些私营领域部分资金用于支持部分试点项目、示范项目和处于不同运营阶段的小规模项目。

5. 欧盟

2007年1月，欧盟的"第六科研框架计划(2002—2006)"已对氢能、燃料电池技术各支持经费1.257亿欧元和1.539亿欧元。在此基础上，2007年3月欧盟又发布了计划，拟于2007—2015年间投入74亿欧元用于氢能和燃料电池技术研究。2008年，欧盟出台了燃料电池与氢联合行动计划项目，计划在2008—2013年至少斥资9.4亿欧元用于燃料电池和氢能的研究和发展。2010年该计划又调入27个项目，追加投资7亿欧元。截至2011年，该计划运营基本正常，运营项目多达44个，涉及250位合作伙伴。

2013年，欧盟宣布在2014—2020年启动"Horizon2020"投资计划，支持设立燃料电池和氢能联合项目，预算总额为220亿欧元。2020年，欧盟委员会发布《欧盟氢能战略》《欧盟能源系统整合策略》(2020)，计划未来10年向氢能产业投资3200亿~4600亿欧元。2020年欧盟投入9300万欧元，支持氢能、燃料电池领域24项技术研究，包括小型盐穴中可再生氢气存储循环测试、盐穴进行氢气循环存储可行性和中试规模示范等。

成员国方面，德国政府为进一步提高氢能和燃料电池技术市场活力，于2016年宣布实施"氢燃料电池技术国家创新计划"(该计划将持续至2025年)，此后2年德国为该项目提供约161万欧元补贴。同时德国政府规划资金790万欧元，计划于2018年完成燃料电池驱动零排放火车示范项目。2019年德国交通部投资2.5亿欧元用于氢燃料电池汽车研发和推广,并实现规模化生产。除此之外,德国政府出资80亿欧元资助在欧洲氢能联合项目框架下的62个大型氢能项目;这些氢能项目贯穿整个氢能生产价值链,总投资达330亿欧元。其中启动3个绿氢先导项目,资助7亿欧元,分别探索水电解器批量生产、海上风能制氢和氢气安全运输问题,重点克服氢经济发展中的技术障碍。2020年,德国联邦交通和数字基础设施部投资近600万欧元资助"机动性氢气洞穴"项目。

第四节 各国家(地区)政企协同与氢能全产业链发展

为推进氢能产业链规模化发展,各国政府机构、相关企业、创新平台、产业基金、民间组织和行业协会等通力协作,搭建氢能产业发展的重要平台。同时,各国积极开展国际合作,推进能源共同体建设,助推氢能全产业链规模发展。

一、美国

加利福尼亚州燃料电池合作联盟(The California Fuel Cell Partnership,CaFCP)成立于1999年,成员包括氢能行业国内外知名企业和美国能源部国家可再生能源实验室、加利福尼亚州空气资源委员会等政府机构,旨在推动该州氢能、燃料电池"政、产、学、研、用"协同创新。美国能源部、交通部、国防部、商务部、美国宇航局和国家自然科学基金联合多所大学、国家实验室,同多个公司签署合同,开展燃料电池车示范运行合作。美国《氢能项目计划》(2020)与高级能源研究计划署协作,充分调动多个能源部门,协同推动氢能产业发展。该计划的战略框架结合了能源效率和可再生能源、化石能源、核能、电力、科学办公室和高级研究计划署的研究、开发和示范工作,以推进氢的生产、运输、储存和使用。国际合作方面,美国油气巨头雪佛龙公司与哈萨克斯坦国家石油天然气股份公司达成合作,双方计划在碳捕集、利用和储存(CCUS)等低碳项目方面展开合作。

二、日本

2018年,多家日本公司合资建立日本加氢站网络公司(Japan Hydrogen Mobility,简称JHyM),日本政府、金融界、产业界和学术界都参与其中。该组织的研究涵盖氢能产业链各个环节,包括研发、示范、推广等各阶段,以发挥该联盟在协同推进氢能全产业链发展中的领头作用。2018年4月,日本与澳大利亚政府开展合作,共同研发煤制氢试点项目。此外,日本还与新西兰、文莱、挪威等国合作开发海外制氢项目。

2020年,岩谷产业株式会社、ENEOS株式会社、川崎重工业株式会社、关西电力株式会社、神户制钢所、东芝株式会社、丰田汽车公司、三井住友金融集团株式会社、三井物产株式会社等9家日本企业共同成立日本氢能协会,通过促进公共和私人联盟以及监管框架来帮助推动日本"氢能社会"发展。同年,丰田在中国携手北汽、东风、比亚迪、吉利等企业布局氢燃料领域;同时丰田将触角伸向欧美,与通用、戴姆勒等公司建立和开展技术合作关系,成功将氢燃料电池车销往美国、欧洲等地。2022年初,日本和印度尼西亚同意在氢、氨和碳捕获与储存等脱碳技术方面开展合作。2025年,丰田公司将与宝马公司联手,正式推出可量产的氢能源车型。

三、韩国

2021年,韩国SK集团旗下SK E&S公司与韩国炼油巨头现代石油银行(Hyundai Oilbank)宣布形成产业联盟,共同开发两个天然气制氢项目,总产能为35万t/a;同年德国林德集团(Linde)和韩国晓星集团(Hyosung)合作建设亚洲最大的液化氢气厂,为交通行业提供氢气。2022年韩国政府提出与企业合作投资23亿美元,推广1.6万辆燃料电池汽车,建设310座加氢站,并计划将全国液化石油气加气站改造成油氢混合加氢站,加快私营加氢站普及运营;同年,由现代汽车、SK、POSCO等大企业主导成立的"韩国氢能商业峰会"宣布氢能基金正式成立,规模达5000亿韩元,计划运作10年。氢能基金旨在活跃氢能领域投资,将对韩国国内外氢能生产、流通、储存基础设施建设及氢能关键技术研发进行投资。在国际合作方面,韩国与美国、加拿大等建立氢能双边或多边合作关系,并希望加强与中国和日本的交流与合作,以解决其氢能来源和海外市场销售等问题。

四、澳大利亚

2022年7月,澳大利亚氢能联盟成员BLK Auto Pty Ltd与Volgren Australia建立合作关系,为巴士行业提供电动底盘和氢燃料电池底盘;同年8月,澳大利亚绿氢生产商Infinite Green Energy(IGE)与西澳大利亚州燃料经销商Refuel Australia合作进行加氢站的开发,IGE开发项目计划建在现有的诺瑟姆太阳能发电场上,预计从2024年初开始,最初每天可生产多达4t可再生氢气供运输使用。

在国际合作方面,澳大利亚积极推动与其他国家的氢气贸易,签订氢气供应协议,加强氢能进出口合作;同时与相关企业开展联合技术创新,完善氢能供应链,扩大供应能力。2022年6月,英国石油公司(BP)宣布出资360亿美元收购澳大利亚绿色氢能大型项目——亚洲可再生能源中心(AREH)40.5%股份,成为其最大股东。2022年7月,澳大利亚悉尼能源论坛召开,该论坛旨在通过加强企业—政府合作和国家—国家协作,确保可靠的清洁能源供应链和印度—太平洋地区多样化。2022年7月,澳大利亚Hysata公司研发的制氢电解槽能够以98%的电池能量效率从水中生产绿氢,远高于国际可再生能源署设定的2050目标,打破了效率纪录,得到英国、丹麦等国家共4250万澳元的A轮融资。

2023年8月，英国石油公司在昆士兰州建立了澳大利亚第一个绿色氢燃料补充设施，该设施可为英国石油公司位于澳大利亚布里斯班港的利顿加油站提供氢气，同时也使得澳大利亚距离零排放目标更近一步。

五、欧盟

欧洲清洁氢联盟，2020年由欧盟相关企业、民间机构、国家及地区能源官员和欧洲投资银行共同发起，旨在为氢能大规模生产提供投资，促进技术合作。其成员包括荷兰壳牌集团、法国空中客车集团、德国蒂森克虏伯集团、西门子股份公司及丹麦和挪威部分著名公司。2020年荷兰Groningen公司与壳牌集团、Gnsunie公司共同启动欧洲最大的绿色氢项目"NortH2"，该项目使用来自Eemshaven海上风场的电力生产氢气，目标是到2040年绿氢年产量达100万t。

2020年12月林德集团和戴姆勒股份公司的子公司戴姆勒卡车公司签署协议，共同开发燃料电池卡车下一代液氢加注技术，该技术将用于奔驰GenH2氢燃料卡车。其后皇家壳牌石油公司与戴姆勒股份公司、奥地利石油天然气公司、依维柯汽车有限公司、沃尔沃汽车公司联合成立H2Accelerate，向欧洲市场大规模推广氢燃料重卡。2021年5月壳牌集团和戴姆勒股份公司宣布将联合开发氢燃料交通运输走廊，计划到2030年投放150座加氢站和5000台奔驰GenH2重卡[18]。2022年7月，英国石油公司与西班牙Iberdrola公司成立一家合资企业，计划在西班牙、葡萄牙和英国建立绿氢生产中心，总产能可达每年60万t，将需要大约6 GW的电解槽。

国际合作方面，欧盟加强与周边国家的清洁氢能合作，特别是与乌克兰的合作，计划2030年在欧洲东部和南部地区部署40 GW电解槽装置。2021年1月，美国普拉格能源公司与法国雷诺公司宣布成立合资公司，共同研发、制造、销售用于轻型商用车的氢燃料电池。合资企业于2021年年中投入运营，并在欧洲投放试点车队部署。

同时，欧盟积极探索与非洲特别是北非地区合作发展可再生能源制氢行业的可行性，借助非洲丰富的可再生资源，推动电解制氢设备的发展，使其2024年装机容量达到40 GW，实现向欧盟稳定、持续的清洁氢能和可再生电力出口。德国则与纳米比亚、南非、摩洛哥等非洲国家达成双边氢能合作协议。

此外，为加快氢能技术研发和应用商业化，欧盟先后成立多个跨国技术联盟和产业联盟。2015年法国液化空气集团、德国戴姆勒集团、德国林德集团、奥地利石油天然气集团、荷兰壳牌集团和法国道达尔集团等企业组建联盟，开展H2Mobility项目，拟于德国建立70 MPa加氢站网络，项目还计划到2023年前在德国建设4000座加氢站。2019年上半年，德国部分企业发起GETH2倡议，计划在德国埃姆斯兰地区建造105 MW电制氢设施，将区域能源、运输、供热和工业等部门联系起来，利用风电生产绿氢，并利用现有基础设施运输、储存及应用氢，最终实现氢能促能源转型。

本章主要参考文献

[1] 邹才能,李建明,张茜,等.氢能工业现状、技术进展、挑战及前景[J].天然气工业,2022,42(4):1-20.

[2] 佚名.占地半个比利时！西澳大利亚拟建全球最大绿色能源中心 装机容量45吉瓦[EB/OL].(2021-07-14)[2022-08-10].https://baijiahao.baidu.com/s?id=1705244768862438109&wfr=spider&for=pc.

[3] 氢云会议.氢电耦合！国家电网首个氢能国家重点研发计划配套项目开工[EB/OL].(2022-05-27)[2022-08-10].https://mp.weixin.qq.com/s/derGNrnVSAqXWGMNBPfaVQ.

[4] Ministry of Economy, Trade and Industry. Japan's green growth strategy through achieving carbon neutrality in 2050[R].Tokyo:METI,2021.

[5] 中国电动汽车百人会.中国氢能产业发展报告2020[R].北京:中国电动汽车百人会,2020.

[6] 朱敏慧.2005底特律采访见闻录(五)来自ECD Ovonic公司的固态储氢技术[J].汽车与配件,2005(10):22-23.

[7] 康斌."氢能炼钢"哪家强？[N]中国冶金报,2019-07-19(02).

[8] 梁秀英,朱春雁.中国终端用能产品能效领跑者制度核心内容解析与国外相关政策对比研究[J].标准科学,2018(10):38-45.

[9] 李晓喻.日本要成全球氢能第一？[EB/OL].(2022-06-25)[2022-08-10].https://www.chinanews.com.cn/cj/2022/06-25/9788763.shtml.

[10] 中国氢能源及燃料电池产业创新战略联盟.中国氢能源及燃料电池产业发展报告2020[M].北京:人民日报出版社,2021.

[11] 王超.系统规划氢能产业,筑牢能源转型基石[EB/OL].(2020-02-08)[2022-08-10].https://m.gmw.cn/baijia/2022-02/08/35501467.html.

[12] 蒋瑜洁,丁钰慧,关昕.日本推动氢燃料电池汽车产业发展的机制研究[J].现代日本经济,2022,41(1):27-46.

[13] 新能源网.全球首部！韩国政府颁布《促进氢经济和氢安全管理法》[EB/OL].(2020-03-10)[2022-07-25].http://www.china-nengyuan.com/exhibition/exhibition_news_152835.html.

[14] 中华人民共和国自然资源部.昆士兰州率先制定绿氢安全生产规范[EB/OL].(2022-05-05)[2022-08-10].https://geoglobal.mnr.gov.cn/zx/kczygl/flfg/202205/t20220505_8267329.htm.

[15] 中华人民共和国自然资源部.南澳州出台世界首个氢能法案[EB/OL].(2023-05-18)[2023-08-15].https://geoglobal.mnr.gov.cn/zx/kczygl/flfg/202305/t20230518_8522148.htm.

[16] 经济产业省.予算・税制・財投[EB/OL].(2021-09-17)[2022-08-10].https://www.meti.go.jp/main/31.html.

[17] 电池中国.聚焦丨中美欧日韩 氢能和燃料电池政策对比[EB/OL].(2019-06-18)[2022-08-10].https://mp.weixin.qq.com/s/ebABIOXUILbME-U_EOdCGg.

[18] 香橙会.2021年全球氢燃料电池汽车保有量近5万台,氢车推广势必加速[EB/OL].(2022-02-08)[2022-07-25].https://nev.ofweek.com/2022-02/ART-71008-8420-30548735.html.

下篇
中国氢能产业发展战略选择与支撑体系

碳达峰、碳中和（3060目标）是中国社会发展的重要战略方向。由于氢能具有清洁无污染、可再生、安全性可控等特点，氢能产业发展逐渐被提升到国家战略高度。本篇围绕中国3060目标与能源结构转型，分析3060目标的内涵和现状特征，以及能源结构转型的内涵、问题与方向；探讨中国氢能产业的发展现状、问题与趋势；阐述中国氢能产业发展战略的目标、布局与重点任务等重大问题，提出构建新时代我国氢能产业发展支撑体系的对策建议。

第五章

中国 3060 目标与能源结构转型

我国自参加 1979 年首届世界气候大会以来,便一直关注全球气候治理问题,并积极投入全球气候治理活动中。1992 年,联合国大会通过《联合国气候变化框架公约》,中国成为缔约方之一。2002 年,中国政府核准了《京都议定书》,并推动其于 2005 年在国内正式生效。2015 年 6 月,中国向《联合国气候变化框架公约》秘书处提交了《强化应对气候变化行动——中国国家自主贡献》[1]。在这份文件中,中国确定了到 2030 年的自主行动目标:二氧化碳排放于 2030 年左右达到峰值并争取尽早达峰;单位国内生产总值(GDP)二氧化碳排放比 2005 年下降 60%~65%,非化石能源占一次能源消费比重达到 20% 左右,森林蓄积量比 2005 年增加 45 亿 m³ 左右。同年,在中国的积极推动下,《巴黎协定》正式达成。2016 年,中国率先签署《巴黎协定》并积极推动落实。

第一节 3060 目标的内涵和现状特征

一、3060 目标的内涵和本质

2020 年 9 月,习近平主席在第 75 届联合国大会上宣布:中国将提高国家自主贡献力度,采取更加有力的政策和措施,二氧化碳排放力争于 2030 年前达到峰值,努力争取 2060 年前实现碳中和。这一碳达峰、碳中和目标被称为 3060 目标。碳达峰是指二氧化碳排放量达到历史最高值,随后经历平台期进入连续下降阶段的过程,是二氧化碳排放量由增转降的历史拐点。碳达峰目标包括达峰时间、峰值水平及达峰路径等[2]。不同于二氧化碳零排放,碳中和是一个净值的概念,是指某个地区在一定时间内人为活动直接或间接产生的二氧化碳排放量,与该地区通过植树造林、碳捕捉与封存技术等方式吸收的二氧化碳量相平衡，从而实现二氧化碳净零排放[3]。当前，我国经济已由高速增长阶段转向高质量发展阶段，仍处在工业化、城镇化进程之中，目前实现3060目标的核心是控制GDP能源强度与单位能源消费的二氧化碳排放强度。一方面，要加大节能力度，通过产业结构调整和技术升级实现结构及技术层面的节能，从而使GDP能源强度保持较快的下降速度，以此来抵消经济增长带来的二氧化碳排放增量。另一方面，要加快新能源和可再生能源的发展，通过优化能源结构控制单位能源消费的二氧化碳排放强度[4]。

3060目标的制定是应对全球气候变化的客观需要。全球气候变化是人类社会发展的最大威胁之一，发展低碳经济、尽早实现碳达峰与碳中和已经成为全球共识。联合国政府间气候变化专门委员会（IPCC）于2018年10月发布的《全球1.5 ℃增暖特别报告》中指出，全球气候变暖将带来极端天气频发、冰川消融、海平面上升和生物多样性被破坏等诸多威胁，为避免全球气候变化造成的极端危害，必须将全球变暖幅度控制在1.5 ℃以内[5]。而这一目标的实现，要求各国均在21世纪中叶实现温室气体的净零排放。作为全球最大的能源消费国，中国虽然历史人均累计碳排放量远低于发达国家，但单位GDP能耗与碳排放量远高于发达国家，面临着巨大的碳减排压力。2020年，中国单位GDP能耗和单位GDP碳排放量分别为3.4吨标准煤/万美元、6.7吨二氧化碳/万美元，远远高出世界平均水平（2.2吨标准煤/万美元、3.8吨二氧化碳/万美元）。与美国、日本、德国、法国、英国及意大利等发达国家相比，这一差距更大（图5-1）[6]。作为发展中国家，中国的综合经济实力与发达国家仍有较大差距，能够主动承担全球气候治理责任，作出3060目标的承诺，不仅彰显了我国在构建人类命运共同体上的大国责任担当，也为其他发展中国家及发达国家起到了示范引领作用。继中国提出3060目标后，日本、加拿大、英国、韩国等发达国家和阿联酋、沙特等发展中国家也相继提出了在2050年前实现碳中和的国家自主贡献目标。

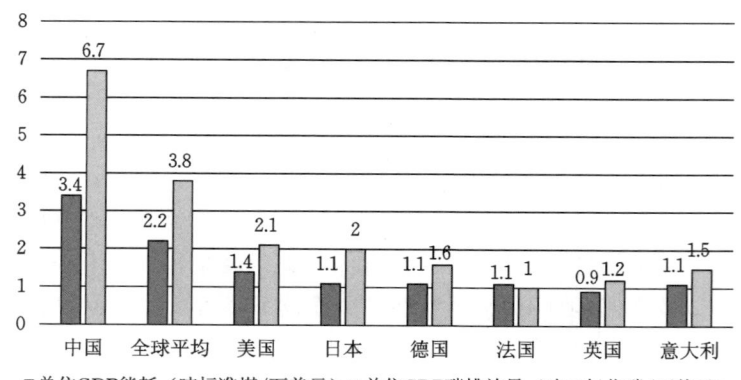

图5-1 2020年部分国家单位GDP能耗及单位GDP碳排放量对比

3060 目标的制定是保障国家能源安全的必然选择。我国是能源需求大国,自 1992 年起,能源生产量便不足以满足国内的能源需求,能源进口量和对外依存程度逐年增加。其中,石油和天然气是我国最大的能源安全短板。从能源禀赋来看,我国能源资源总量丰富,呈现富煤、贫油、少气的特征。以 2020 年为例,我国煤炭储量达到 1432 亿 t,占全球煤炭储量的 13.3%,仅次于美国(23.2%)、俄罗斯(15.1%)以及澳大利亚(14.0%);而从 2020 年已探明储量来看,原油储量不足全球储量的 2%,天然气储量不足全球储量的 5%。从能源结构来看,受资源禀赋的影响,我国能源消费仍以煤炭等化石能源为主,且油气的对外依存度较高。自 2000 年起,我国原油进口依存度逐渐提升,2021 年原油进口量约 5.13 亿 t,这是 20 年来原油进口量首次下降,但对外依存度仍高达 72%[7]。在"降煤增气"的政策导向及跨境天然气长输管道等基础设施建设的大环境下,我国天然气的表观消费量及进口量均得到了快速提升。根据国家发展改革委公布的《2021 年天然气运行简况》,我国 2021 年天然气表观消费量为 3726 亿 m^3,其中进口量约 1675 亿 m^3,对外依存度上升至 44.95%。油气进口规模的逐渐扩大会导致我国经济受制于油气出口国,对我国能源安全造成了一定的威胁[8]。在 3060 目标下,我国将在不断加强煤炭等传统优势能源的清洁高效利用的基础上,大力发展水电、光伏以及氢能等新能源产业[9]。3060 目标是降低化石能源进口需求、保障国家能源安全的必然选择。

3060 目标的制定是推动社会低碳转型的内在要求。碳达峰、碳中和的实质是绿色低碳经济的发展,是从黑色工业革命转向绿色工业革命,从不可持续的黑色发展转向可持续的绿色发展[10]。从现实基础来看,随着工业化进程的推进,我国产业结构不断优化升级,第一产业和第二产业所占比重逐渐下降,经济重心逐渐转向以服务业为主的第三产业,我国具备了低碳转型发展的潜力。以 2020 年为例,我国第三产业增加值在 GDP 中的占比为 54.53%,第二产业增加值在 GDP 中的占比为 37.80%,第三产业的占比已经超过了第二产业的占比。从三次产业的碳排放量来看,随着经济的中高速增长,2000—2020 年间三次产业的碳排放量均快速增长。第一、第二、第三产业的碳排放量分别从 0.46 亿 t、30.23 亿 t 及 5.23 亿 t 增长至 1.28 亿 t、88.91 亿 t 及 15.02 亿 t,年均复合增长率分别为 5.3%、5.5% 和 5.4%。其中,第一产业和第三产业碳排放量在我国碳排放总量中的占比维持在 1% 和 14% 左右,而第二产业的碳排放量占比基本稳定在 85% 左右。第二产业为我国碳排放总量的主要"贡献者",产业结构的调整有助于推动 3060 目标的实现[11]。同时,从发达国家的发展规律来看,当国家处于以第三产业为经济支柱产业的工业化后期或者后工业化时代的阶段时,会降低对能源消费的依赖程度,从而降低国家的单位碳排放量,而按照中国当前的产业结构发展方向,绿色低碳转型已经成为社会发展的必然趋势。3060 目标的提出,明确了中国生态文明建设的方向,符合我国的基本国情,意味着我国将在未来很长一段时间内努力实现经济发展与二氧化碳排放的脱钩。3060 目标的制定是我国转变粗放的发展方式、推动社会低碳可持续发展的内在要求。

二、3060 目标的现状特征

（一）3060 目标政策现状

在作出 3060 目标的承诺后，习近平主席在多个重要的国内外场合均强调了我国努力实现 3060 目标的决心，并作出了重大战略部署。目前，我国已陆续发布若干重点领域和行业碳达峰的方案和支撑保障措施，积极构建碳达峰、碳中和"1＋N"政策体系，有序推进 3060 目标的实现。

2021 年以来，3060 目标的时间表和路线图等顶层设计在中央的推动下加紧制定。2021 年 10 月 24 日，中共中央、国务院正式发布《关于完整准确全面贯彻新发展理念做好碳达峰碳中和工作的意见》（以下简称《意见》），作为"1＋N"政策体系中的"1"，《意见》明确提出了 2025 年、2030 年和 2060 年三阶段的发展目标，为我国碳达峰、碳中和这一重大任务进行了系统谋划和整体部署。2021 年 10 月 26 日，国务院印发《2030 年前碳达峰行动方案》（以下简称《方案》），《方案》衔接《意见》的工作要求，为碳达峰阶段的行动方案作出总体部署[12]。2022 年 4 月 12 日，我国证券监督管理委员会发布金融行业标准《碳金融产品》（JR/T 0244—2022），为我国碳金融产品市场的有序发展提供有效助力。2022 年 4 月 19 日，教育部发布《加强碳达峰碳中和高等教育人才培养体系建设工作方案》，提出要加强双碳领域人才培养和师资队伍建设，为实现 3060 目标提供人才保障。2022 年 5 月 30 日，财政部发布《财政支持做好碳达峰碳中和工作的意见》，指出要将双碳工作纳入生态文明建设整体布局和经济社会发展全局，积极构建有利于促进资源高效利用和绿色低碳发展的财税政策体系，推动有为政府与有效市场的更好结合。2022 年 8 月 18 日，科技部、国家发展改革委等九部门联合发布《科技支撑碳达峰碳中和实施方案（2022—2030 年）》，提出要充分发挥科技创新的支撑作用，实现重点行业和领域低碳关键核心技术的重大突破，并建立更加完善的绿色低碳科技创新体系，为实现碳达峰碳中和目标提供科技支撑。2022 年 10 月 9 日，国家能源局印发《能源碳达峰碳中和标准化提升行动计划》，指出将推动能源领域碳达峰碳中和相关标准体系的建立与完善，实现能源标准从数量规模型向质量效益型转变，促进标准与技术创新和产业发展的协同联动，为规划建设新型能源体系和实现能源领域碳达峰碳中和提供支撑[13]。

全国各省市也积极推动"双碳"目标的落实，陆续出台了 3060 目标的行动方案，涉及发展目标、产业布局、补贴奖励等多个方面内容。浙江省提出到 2030 年，非化石能源消费占比将提高至 30% 左右。湖南省则要求到 2030 年，完成国家下达的单位地区生产总值能耗及碳排放下降率目标。江西省提出要加速钢铁等高碳行业的低碳技术革新，并持续推进园区循环化改造、城市矿产示范基地等建设。上海市提出大力发展氢能产业，抢占绿色低碳新赛道，培育发展新动能。江苏省出台了与减污降碳成效相挂钩的财政政策，提出要对单位地区生产总值碳排放下降率达到年度目标任务的市、县进行奖励。云南省对成功创建的国家绿色低碳示范园区、循环化改造示范园区、绿色低碳工业园区、生态工业示范园区,给予一次性 500 万元奖励。安徽芜湖繁昌区提出对主动关闭的高耗能高排放企业按照标准给予不超过 800 万元的补助。

(二) 3060 目标实践现状

从中国碳排放数据来看(图 5-2),2010—2020 年间,中国的碳排放量整体上呈现上升趋势,从 2010 年的 78.31 亿 t 增长至 2020 年的 100.81 亿 t,10 年间增量超 22 亿 t。其中,2010 年到 2011 年增幅最大,达 9.42%,2013 年到 2016 年基本保持持平状态,从 2017 年起碳排放量又开始缓慢增长。从整体趋势来看,中国的碳排放量呈现出一种增加—平缓—增加的状态。提出 3060 目标后,未来几年中国的碳排放量依旧会缓慢增加,但其增速会逐渐降低,最终在 2030 年实现碳达峰。之后,增速变为负数,碳排放量逐步降低。

世界碳排放总量自 2010 年的 305.79 亿 t 增加到 2020 年的 316.65 亿 t,其总量增加了近 11 亿 t,总体上呈现出上升的趋势。碳排放增长率最高的时间是 2010 年至 2011 年,其增幅达到了 2.89%,除 2015 年出现小幅下降外,2013 年到 2018 年基本保持缓慢增加的趋势,2018 年达到了峰值 337.21 亿 t 后开始下降,降至 2020 年的 316.65 亿 t。其下降的原因可能在于新冠疫情的影响,疫情使得各国人民的生产、生活受到严重干扰,从而导致碳排放的减少。从世界碳排放总量变化的趋势来看,未来几年全球将仍处于碳排放低谷,之后会迅速回到正常水平,延续其增加趋势。如今,世界主要国家都在控制本国的碳排放,力求达到本国的碳中和状态,未来可能由于严格的环境政策或者新资源和新技术的产生,碳排放量逐渐降低。

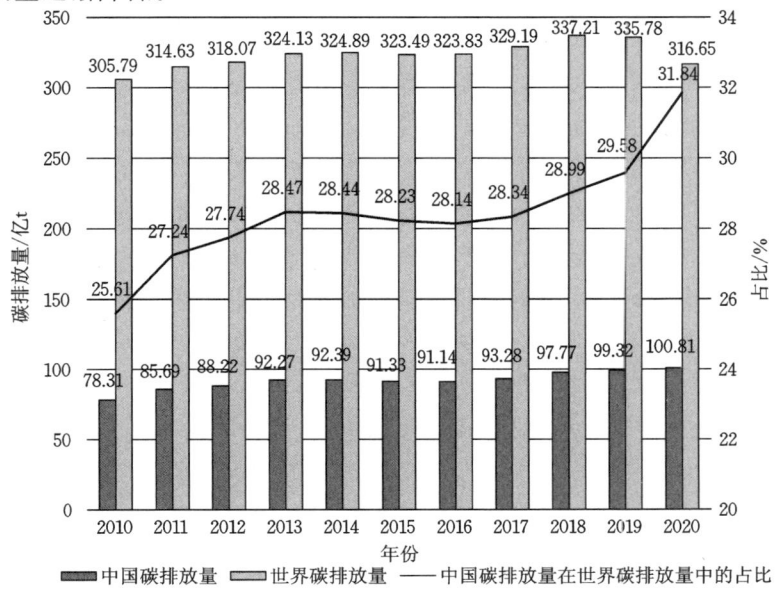

图 5-2 2010—2020 年中国及世界碳排放情况

数据来源:IEA 国际能源署。

由图 5-3 可知,2010—2020 年间,中国单位 GDP 碳排放量保持稳定下降的趋势。2020 年中国的单位 GDP 碳排放量为 6.86 吨二氧化碳/万美元,虽远高于世界平均水平,但较 2010 年的 12.86 吨二氧化碳/万美元,已减少近一半,年均增长率为 -6.03%。其中,2010—2011 年间变化速度最快,其下降幅度达到了 11.74%。总的来看,虽然中国碳排放总量保持上升的趋势,但由于 GDP 增长速度超过了碳排放量的增速,中国的单位 GDP 碳排放量逐年下降。

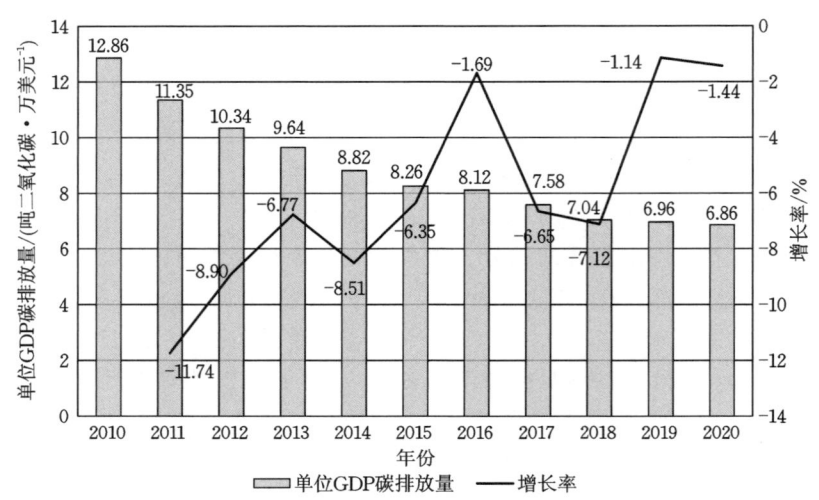

图 5-3　2010—2020 年中国单位 GDP 碳排放情况

数据来源:IEA 国际能源署。

从中国碳排放细分行业来看,中国碳排放的主要领域有电力和供热、工业、交通运输、民生、其他能源行业等,其中,电力和供热行业、工业以及交通运输业为碳排放的四大行业,以 2020 年为例,这三个行业的碳排放量占据了中国碳排放总量的 90% 左右。图 5-4 显示了中国 2010—2020 年电力和供热行业、工业及交通运输业的碳排放情况。2010—2020 年间,中国电力和供热行业碳排放量由 34.78 亿 t 上升至 53.77 亿 t,年均增长 4.45%,除 2015 年出现小幅下降外,整体呈增长趋势。这主要是因为我国目前的供电供热结构仍以燃烧煤炭等化石能源的火力发电为主。工业领域碳排放量在 2014 年前保持增长趋势,2014 年达到高点 30.95 亿 t 后逐渐下行,下降至 2019 年的 27.86 亿 t,2020 年小幅回升至 28.88 亿 t。交通运输业碳排放量在 2010—2018 年间保持稳定增长,从 2010 年的 5.69 亿 t 增长至 2018 年的 9.48 亿 t,年均增长 6.59%,而后逐渐下降至 2020 年的 8.96 亿 t,这主要缘于新能源电动汽车行业快速发展,市场渗透率急剧上升,加速了对燃油车的替代。总的来说,煤炭、石油和天然气"三足鼎立"的能源供给格局决定了电力和供热行业、工业和交通运输业是我国碳排放的主要来源,因此,要推动三大行业实现碳中和,必须从改变能源结构入手。

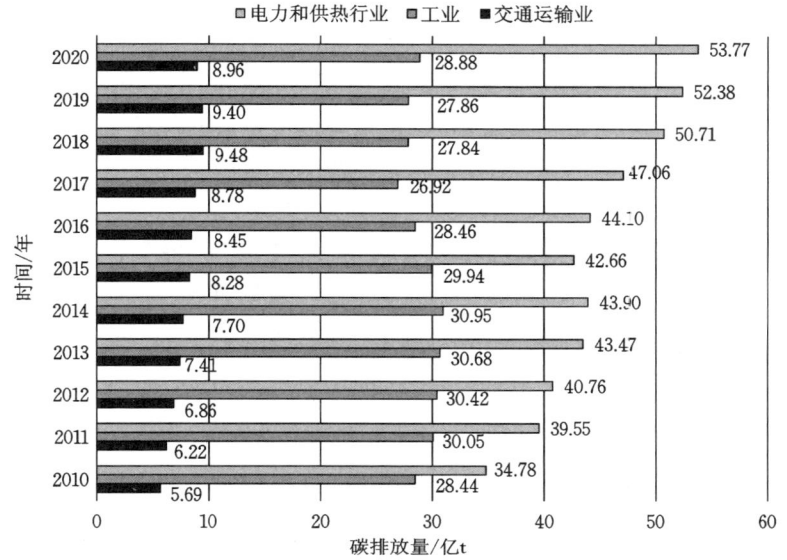

图 5-4　2010—2020 年中国三大行业碳排放情况

数据来源：IEA 国际能源署。

（三）实现 3060 目标面临的挑战

实现 3060 目标是一场涉及经济和社会等多层次、全方位的改革，中国面临着巨大的压力和挑战。作为世界上最大的发展中国家，与发达国家相比，中国要实现碳减排目标所需的时间跨度更大，调整幅度更广，形势更加复杂，过程更加艰难。为了更好地实现 3060 目标，必须要做好应对一切困难的准备。

当前我国实现 3060 目标所面临的挑战主要有以下四个方面。

1. 产业结构不合理

当前我国正处在工业化进程的后期，其制造业在很大程度上还属于高成本、高污染行业，在国际相关领域处于下风，存在自主创新能力匮乏、关键技术缺失和要素成本上升等现实问题，推动产业结构转型的任务已迫在眉睫。在此背景下，一方面，要改变依靠劳动力、资源等要素发展经济的传统模式，改变其发展路径，并增加新要素在传统行业的运用；另一方面，要大力发展新兴市场，积极开拓国内外各种潜在的未知市场，积极培育新动能在各行业的发展，加大工业体系的改革力度。尽管短期内想要实现碳减排和经济增长的同步推进较为困难，但从长期来看，这是实现我国可持续发展的必经之路，供给侧和需求侧的转型要适应新时代中国经济的发展，保障我国减排目标顺利实现。

2. 能源禀赋不合理

3060目标的内涵之一即解决能源问题，保障国家能源安全。实现能源可再生和低碳转型一直是我国能源产业所追求的目标，也是低碳经济发展的关键导向，不能解决能源问题就不能解决碳排放问题。一直以来，我国能源禀赋呈富煤、贫油、少气的特点，能源对外依赖严重。以2021年为例，我国能源消费总量约52.4亿吨标准煤，较2020年提高了5.2%。其中，煤炭消费量占我国能源消费总量的56.0%，已连续十年稳居世界首位，而石油和天然气对外依赖程度高达72%和45%。能源行业面临着巨大的压力，想要走好低碳发展的道路，实现3060目标，能源问题是一道不可跨越的鸿沟，能源供给与需求两侧都需要加以重视。

3. 清洁能源发展受限

自提出低碳发展和3060目标以来，我国便逐步加大对清洁能源的技术投资，使得清洁能源在近些年得到了快速发展。2021年我国天然气、水电等清洁能源消费量在能源消费总量中的占比约为25.5%，同比增长1.2%。然而，受当前技术水平等因素的限制，我国清洁能源在发展过程中存在一些系统性难题。诸如清洁能源的存储、消纳和远距离运输等问题，严重制约了清洁能源的普及与长远发展。为推进低碳发展和保障可再生能源的合理生产与运输，清洁能源发展中的技术难题成为现如今需要重点研究和解决的战略问题。

4. 脱碳收益不高

我国能源系统面临着巨大挑战，碳减排对各种能源的脱碳处理提出了较高的要求，但从技术创新的层面来看，我国低碳、零碳及负碳技术尚不成熟，各类脱碳手段难以形成体系，脱碳环节过于冗杂且成本昂贵，其发展面临很大的不确定性。目前，可再生能源电力是我国脱碳发展的主要方向。研究发现，可再生能源电力可为我国最初约一半的人类活动所排放的温室气体实现低成本脱碳，它短期内可为工业减排提供有力支撑，长期内可对氢能发展提供有效助力[14]。然而，现有的脱碳体系和技术不能支持我国3060目标的实现，其减排效应具有双重性，高昂的成本将抵消超过一半的减排收益，因此如何进一步实现低成本、高效率脱碳成为近几年技术发展的热点，脱碳面临的问题直接关系着碳减排的进程。

第二节 能源结构转型的内涵与方向

一、能源结构转型的内涵和本质

能源结构转型是指人类社会从利用初级能源开始，逐步使用次级能源，再发展新能源的曲折前进的历程。它的发展趋势是一个复杂的转变过程,从木柴的使用到煤炭、石油、天然气的大量消耗,直至如今演变为向着低污染、高效率、可再生的新能源方向发展,从高碳到低碳,从有碳到无碳,各种能源不断地被替代,又逐步衍生出各种新能源。能源的形态、技术、管理等能源体系也随着能源结构转型的变化而变化,其根本性因素已然发生质的变化。因此,能源结构转型要求社会主体多方面协同,从政治、科技、管理和市场等四个大的层面出发,逐步实现能源的清洁化、低碳化和智能化,保障和促进现有的主体能源从化石能源向新能源的方向发展,推动和变革现有的能源生产和供给体系,从而实现人类社会和生态环境中的"碳中和",走可持续和绿色发展的道路,有效地应对目前严峻的环境问题和全球生态变化问题,共同地建设起我们自己的"绿色地球"[15]。

综合来看,能源结构转型包含了以下四个层面的基本内涵。

从政治层面看,国家应实施以政府为主体的能源清洁低碳化转型政策,构建高效的一体化的协同机制,保障碳市场的稳定发展。一体化的上下协同机制是政府保障和促进能源结构转型的关键所在,要建立好政府内部上下级部门的协作平台,加强政府与企业的交流与合作,转变现有的单一的行政手段,提高政府的行政效率。此外,能源的清洁化和低碳化是当今能源发展的主要方向,合理的奖惩手段能有效地保障能源结构的转型。

从技术层面看,国家应推动能源体系从资源型向技术型转变,严控各种能源的使用技术,保障低污染、高效率的技术开采环境。高能效和智能化是能源技术发展的重要核心,节能减排是能源技术进步的重要目标。提高能源的使用效率能有效地减少温室气体的排放,如何改善能源技术已是当今的热门话题。

从管理层面看,能源结构转型应从能源的供给端和需求端入手,兼顾两端的协同,保障两端的有效结合。两端协同是能源管理的重要手段之一。在供给端,要保障能源的清洁化和低碳化转型,促进清洁能源对化石能源的逐步替代,建设以电气化二次能源为主导的能源供给体系;在需求端,则要通过分布式与集中式协同发展和平衡用能,不断地加大消费端中清洁能源的比例,推动能源管理模式的智能化转型。

从商业层面看,应鼓励企业和个人助推能源结构转型,不断提高能源体系的总体性能和转型程度。推动以能源市场为导向的商业转型是能源结构转型的重要手段,加入市场因素能保证能源转型的高效化和低成本化,合理的市场手段也是政府能源转型政策的保障。企业和个人可以在市场化转型的大背景下参与能源结构转型事业,为我国能源产业发展作出重要的贡献。

二、能源结构存在的问题

(一)能源供需不平衡,需求量远大于供给量

从国内能源供需形势来看,能源的需求量远远大于现有的能源供应量,这就导致了我国现有的能源矛盾十分尖锐,能源供需不均衡问题将持续存在。就能源供需失衡来说,可

能存在以下几个方面的原因。

1. 长期的粗放型经济增长

粗放型经济表现为企业生产中投入大量的成本和原材料,以寻求经济的快速增长,因此带来了严重的环境污染和资源浪费。尤其是改革开放以来,民间资本大量兴起,企业在生产技术水平不高的条件下,为谋求超额的利润,不惜破坏环境,对自然资源进行掠夺性的使用,加之行业缺乏合理的监督措施,导致大量能源资源被无端浪费,造成了现在的能源供需不合理的状况。

2. 资源利用效率和技术水平低

目前我国单位国内生产总值的原材料和成本等消耗远远高于世界平均水平,存在浪费严重、技术水平低及能源利用率低等问题。目前我国制造业还处于高能耗、高物耗的发展阶段,资源的利用率过于低下,我国的万元产值能耗是工业发达国家的几倍,经济总量增长的倍数远不及能源的消耗倍数,低效率、低技术的生产严重制约了我国能源行业的发展。依赖资源和能源消耗的经济增长方式是我国供需不均衡的重要原因之一。

3. 我国处于工业化后期和能源转型阵痛期

自 1993 年起,我国成为石油净进口国,能源需求迅速增加。目前我国正处于工业化后期阶段,第二产业总产值在 GDP 中的占比约为 40%。此时,国内工业对能源的需求将逐步放缓,工业部门部分高耗能产品产量趋于峰值,其能源需求的增速不会像前十年那样快。但根据发达国家的发展历程,在工业能源消费达到峰值后,建筑、交通和民生部门的能源需求还将被带动着快速增长。所以,在上述提及的"一消三涨"的形势下,在未来较长一段时间内,国内能源需求的增量同以往相比,并不会发生较大的改变,我国能源进口的基本趋势仍将维持不变,这也是国内能源供需失衡的重要原因。

(二)能源结构不合理,优质能源供应不足

从国内的能源结构来看,煤炭在我国能源消费中的占比一直在 60% 以上,"一煤独大"的不合理结构对中国的能源发展格局产生了严重的影响。半个多世纪以来,我国的能源生产一直与我国的能源储量相适应,以煤为主的格局也就一直延续下来。2017 年以来,以煤为主的能源结构不再与我国追求经济高质量发展的格局相适应,严重制约了我国的经济发展,其"合情"但又"不合理"的能源结构导致了大量的污染性气体排放,生态环境受到了严重的破坏。要想处理好碳排放问题,必须解决以下两个难题。

1. 煤炭储量大,但品质低

我国的煤炭储量丰富,包括褐煤、无烟煤、烟煤等多种类型,其中烟煤占全国煤炭总量

的70%以上,含硫量低于1%的优质煤炭占比不到20%,含硫量在1%～3%之间的中品位煤炭占绝大部分,总体上我国煤炭的品质并不高,高灰、高硫一直是煤炭燃烧面临的重要难题。

2. 能源品种多,但油气和清洁能源消费量占比较低

自改革开放以来,我国的能源生产迅速增加,但是油气比例偏低,清洁能源发展缓慢,不能满足如今市场的需要。我国的石油储备量偏低,大量的石油开采已使石油资源面临枯竭;天然气资源存在分布与消费不匹配的问题,天然气生产区主要集中在西北、西南地区,而消费地区主要集中在经济较为发达的东部地区,西气东输等计划的实施只能缓解能源分布与消费的矛盾,而不能从根本上解决能源问题;清洁能源等新兴市场又处于孵化阶段,远没有到可以大面积铺开的地步,这就导致了现如今中国的能源困境,也是现如今3060目标实施的难题之一。

(三)能源输送网络脆弱,基础设施建设有待完善

我国能源分布与能源需求空间不匹配,能源输送压力巨大,国内能源运输网络有待完善,当前主要存在以下三个问题。

1. 能源运输存在安全隐患

当前我国能源消费以煤炭为主,能源运输大部分是输煤,全国一半以上的煤炭用来运输、发电,铁路、公路运力均已接近饱和,运输压力巨大。长距离、大规模、多阶段的运输方式使得我国的能源运输通道极其脆弱,一旦遭受恶劣天气或其他灾害的影响,出现运输堵塞的情况,能源供给将难以保持,缺煤停机会直接导致电力缺口加大。

2. 能源运输成本巨大

我国的煤炭产地主要在西北地区,而煤炭消费区域则大部分为东部沿海地区,这就需要把煤炭长距离地运送过去。当前我国的煤炭运输方式主要有铁路运输、公路运输和海运。其中,铁路运输为主要的运输方式,其主要成本有园区费、计划费、运费等,煤炭从内蒙古呼和浩特经铁路运送到秦皇岛港的所有费用支出约200元/t。公路运输能耗巨大,公路收费、汽油费等成本不断上涨,造成运输成本巨大。

3. 能源运输污染严重

长距离的能源运输特别是煤炭运输不仅对煤炭造成了一定损耗,而且污染了周边环境,尤其是运输过程中的扬尘问题十分严重。2010年后我国部分地区PM2.5严重超标,也与能源输送有着密切的关系。

三、能源结构转型的方向

俄乌冲突让世界主要经济体在能源、资源供给方面开始注意底线思维。除了追求高质量发展,也需要有基本的安全保障。安全保障可以分为"摸清家底"和加快发展替代技术两方面。从安全保障角度来看,使用新能源的优势在于应用了能源替代技术。

1. 稳定化石能源的保底供应

我国能源结构性问题突出,化石能源在我国能源体系中长期占据主体地位,且对外依存度较高。据国家发展改革委、国家统计局和海关总署的数据,2021年我国全年能源消费总量为52.4亿吨标准煤,其中,煤炭消费量约占能源消费总量的56.0%。2021年,我国原油产量约1.99亿t,表观消费量约7.15亿t,进口量为5.13亿t;2021年我国天然气产量为2053亿m^3,表观消费量为3726亿m^3,进口量为1675亿m^3(约合12 136万t)。2021年我国油气的对外依存度分别高达72%和45%,同时,我国油气进口来源地单一,集中在中东及非洲地区,能源安全面临巨大的威胁[16]。

能源结构转型是立足于化石能源的"托底保供"作用,在稳定化石能源保底供应、保障能源体系安全运转的前提下,实现非化石能源的增量替代。因此,未来我国化石能源产业主要朝以下两个方面发展。一是严格控制煤炭产量。构建以新能源为主体的能源体系并不意味着停止发展煤炭及相关产业,而是使煤炭在能源体系中的地位由主体向兜底转变[17]。基于我国能源禀赋与国家能源安全的考量,应有序整合小型煤矿,制定合理的老矿退出机制,逐步淘汰落后产能,并加大对煤炭产业的科技投入力度,积极研发和推广煤炭的高效低碳利用技术,实现煤炭的清洁高效利用。二是大力发展油气产业。在能源转型的背景下,我国对油气的需求将有所下降,但油气资源仍是我国重要的战略资源,应加大勘探开发力度,在提高常规油气资源产量和产收率的同时,通过关键技术攻关和装备升级,不断提高老油气田的总体开发水平和产出效益,实现对非常规油气、海洋油气及深层油气资源的规模化开发。同时,应重点关注天然气与新能源的协同发展,加快发展天然气发电技术,为可再生能源发电提供调峰支持,构建协同互补的综合能源供给体系,助力电力系统供应水平的稳定性提升。

2. 加速非化石能源的增量替代

近年来,我国光伏、风电及水电装机容量均居于全球首位。据国家能源局2022年一季度网上新闻发布会披露,我国2021年新增非化石能源装机容量约1.34亿kW,占全国新增装机容量的76.1%。其中,新增水电、风电、光伏发电和生物质发电装机容量分别为2349万kW、4757万kW、5488万kW和808万kW。截至2021年底,我国非化石能源累计装机容量达到11.2亿kW,首次超过煤电装机容量。同时,风电、光伏发电累计装机容量均突破3亿kW。但是现有电网系统仍难以满足可再生能源大规模并网消纳的要求。

未来,非化石能源产业将主要朝以下三个方面发展。一是加大非化石能源项目投资力度。大力推进非化石能源基地化开发,充分利用沙漠、戈壁地区风能及太阳能资源富集的优势,推进风电光伏基地项目在该地区的大规模建设。二是优化非化石能源相关产业的发展布局与规划。稳步推进风电光伏基地在东北、华北及西北地区的大规模建设;加快分散式风电、海上风电和分布式光伏发电在东中部地区的发展;鼓励新能源电力优先就近消纳,减少或避免远距离大规模输送[18]。三是加强非化石能源领域技术创新。加强光伏发电、风电等领域的关键技术攻关与产业化研发;加强对多能互补技术的研究,推动多种非化石能源的互补利用与常规能源形式的综合高效利用;依托互联网、人工智能等新兴技术,大力发展智能电网技术,满足我国大规模集中式可再生能源发电和分布式利用的两种需要,保障我国新型电力系统的安全平稳运行[19]。

3. 大力发展氢能产业

氢能作为21世纪人类可持续发展最具潜力的二次清洁能源,具有来源丰富、能量密度高及绿色低碳等诸多优点,是推动传统化石能源清洁高效利用和可再生能源规模化发展的能源互联媒介,也是推动交通运输业、工业和建筑行业等高碳排放领域实现大规模深度脱碳的重要抓手,对于我国能源结构转型具有重要意义[20]。近年来,我国氢能产业发展迅速。从技术路线来看,我国已掌握了部分氢能与燃料电池核心技术,具备了一定的产业装备和燃料电池汽车整车生产能力。从产业规模来看,当前我国氢气产量居全球首位。《中国氢能源及氢燃料电池产业白皮书2020》数据显示,我国氢气产能约为4100万t/a,产量约为3342万t/a。预计2050年氢能将满足全球18%的能源需求,至少创造3000万个工作岗位,减少60亿t二氧化碳排放量,创造2.5万亿美元的市场价值,间接基础设施市场潜力高达11万亿元美元[21]。

未来,我国氢能产业的发展应主要从以下四个方面着力:一是加强氢能产业的顶层设计。我国氢能产业发展仍处于初级阶段,氢能在能源体系中的角色定位与顶层设计布局较为滞后,产业发展方向尚不明晰,应基于国家氢能发展中长期规划,加快完善各行业及各地区的氢能产业发展支持政策体系建设,制定明确的产业发展路线图,建立科学长效的产业扶持与激励政策。二是加快全产业链标准化建设。我国氢能产业仍存在着标准体系不健全、主管部门不明确等问题,应重视产业的标准体系建设,以氢能领跑者计划等项目为抓手,加快"制—储—输—用"等各环节的标准建设,并依托中国氢能联盟大数据平台,全面掌握氢能行业发展情况,加强氢能行业的监管体制建设[22]。三是推进试点示范项目的规模化建设。当前我国主要试点项目大多出自单个企业,各领域内试点示范项目尚未形成规模化效应,应加强产业链上下游企业间的合作,通过合作模式推动产业的集聚化发展,促进规模效应的形成。四是加强技术攻关。虽然我国已实现了系统集成与关键零部件的自主化,但在基础制造工艺和核心材料等方面仍存在明显短板,应以龙头企业为主导,联合产业链上下游企业及相关科研院所,积极开展氢能领域关键核心技术攻关,并推动科技成果转化,提高关键技术装备的国产化程度[23]。

本章主要参考文献

[1] 高世楫,俞敏.中国提出"双碳"目标的历史背景、重大意义和变革路径[J].新经济导刊,2021(2):4-8.

[2] 胡鞍钢.中国实现2030年前碳达峰目标及主要途径[J].北京工业大学学报(社会科学版),2021,21(3):1-15.

[3] 喻小宝,郑丹丹,杨康,等."双碳"目标下能源电力行业的机遇与挑战[J].华电技术,2021,43(6):21-32.

[4] 何建坤.碳达峰碳中和目标导向下能源和经济的低碳转型[J].环境经济研究,2021,6(1):1-9.

[5] 沈永平,王国亚.IPCC第一工作组第五次评估报告对全球气候变化认知的最新科学要点[J].冰川冻土,2013,35(5):1068-1076.

[6] 苏健,梁英波,丁麟,等.碳中和目标下我国能源发展战略探讨[J].中国科学院院刊,2021,36(9):1001-1009.

[7] 渠沛然.我国原油对外依存度首次下降[N].中国能源报,2022-02-21(14).

[8] 付允,马永欢,刘怡君,等.低碳经济的发展模式研究[J].中国人口·资源与环境,2008,18(3):14-19.

[9] 王利宁,彭天铎,向征艰,等.碳中和目标下中国能源转型路径分析[J].国际石油经济,2021,29(1):2-8.

[10] 胡鞍钢.中国:创新绿色发展[J].马克思主义与现实,2013(2):75.

[11] 焦丽杰.我国的碳排放现状和实现"双碳"目标的挑战[J].中国总会计师,2021(6):38-39.

[12] 王震,李强,周彦希.中国"双碳"顶层政策分析及能源转型路径研究[J].油气与新能源,2021,33(6):1-5.

[13] 佚名.国家能源局印发《能源碳达峰碳中和标准化提升行动计划》[J].金属加工(冷加工),2022,(12):72.

[14] 庄贵阳.我国实现"双碳"目标面临的挑战及对策[J].人民论坛,2021(18):50-53.

[15] 邹才能,何东博,贾成业,等.世界能源转型内涵、路径及其对碳中和的意义[J].石油学报,2021,42(2):233-247.

[16] 侯梅芳,潘松圻,刘翰林.世界能源转型大势与中国油气可持续发展战略[J].天然气工业,2021,41(12):9-16.

[17] 余国,姜学峰,戴家权,等."双碳"目标下中国能源发展与能源安全若干问题思考[J].国际石油经济,2021,29(11):1-8.

[18] 赵紫原.2021年非化石能源发电装机首超煤电[N].中国能源报,2022-02-07(06).

[19] 潘旭东,黄豫,唐金锐,等.新能源发电发展的影响因素分析及前景展望[J].智慧电力,2019,47(11):41-47.

[20] 李耀华,孔力.发展太阳能和风能发电技术 加速推进我国能源转型[J].中国科学院院刊,2019,34(4):426-433.
[21] 凌文,李全生,张凯.我国氢能产业发展战略研究[J].中国工程科学,2022,24(3):80-88.
[22] 邓彤.氢能产业发展的挑战与机遇分析:以山西为例[J].技术经济与管理研究,2019(10):106-110.
[23] 孟翔宇,陈铭韵,顾阿伦,等."双碳"目标下中国氢能发展战略[J].天然气工业,2022,42(4):156-179.

第六章

中国氢能产业发展现状、问题与趋势

第一节 中国氢能产业发展现状

近年来,我国经济发展对化石能源的依赖程度较高,其过度消耗造成了严重的环境污染。当前,我国已明确确立了 2030 年前实现碳达峰以及 2060 年前实现碳中和的目标。在此背景下,面对我国持续增加的能源需求,实现这一目标的途径就是大力发展可再生能源。氢能作为一种可再生能源,具备零碳、高效、可持续三个核心特征。它不仅可以用于提炼石油、金属精炼、合成氨、合成甲醇、储能发电等生产领域,也可以用于交通运输等生活领域,具有十分广阔的应用前景[1]。据中国氢能联盟预测,我国氢气需求量到 2030 年将超过 3500 万 t,在终端能源体系中的占比将达到 5%,到 2050 年氢能将在我国终端能源体系中占比超过 10%,整个产业链年产值预计达到约 12 万亿元[2]。从我国的能源战略角度出发,大力推动氢能产业的发展有利于加速新时代中国的能源转型,促进碳达峰、碳中和目标的实现。

一、政策支持力度大

党的十八大以来,国家对氢能产业愈加重视,支持力度不断加大。随着 2019 年 3 月 5 日"推动加氢设施建设"首次被写入政府工作报告,国家对氢能产业的支持十分明确,发布了一系列政策,氢能产业规划逐渐明晰(表 6-1)。

表 6-1 中国氢能产业相关政策

发布时间	发布机构	政策文件	内容提要
2020.9	财政部、国家能源局等五部委	《关于开展燃料电池汽车示范应用的通知》	将对燃料电池汽车的购置补贴政策调整为燃料电池汽车示范应用支持政策
2020.10	国务院	《新能源汽车产业发展规划(2021—2035年)》	因地制宜开展多种制、储、运氢技术应用,提高氢燃料经济性。按照氢燃料供给和消费需求,合理布局加氢基础设施
2021.8	财政部、国家能源局等五部委	《关于启动燃料电池汽车示范应用的通知》	在北京市、上海市、广东省城市群启动首批燃料电池汽车示范应用工作
2021.10	国务院	《2030年前碳达峰行动方案》	加快氢能技术研发和示范应用,探索相关技术在工业、交通运输、建筑等领域规模化应用
2021.11	国家能源局、科学技术部	《"十四五"能源领域科技创新规划》	攻克高效氢气制备、储运、加注和燃料电池关键技术,推动氢能和可再生能源融合发展
2021.11	工业和信息化部	《"十四五"工业绿色发展规划》	开展可再生能源制氢重大降碳工程示范,鼓励氢能在钢铁、水泥、化工等行业的应用
2021.12	国务院国资委	《关于推进中央企业高质量发展做好碳达峰碳中和工作的指导意见》	稳步构建氢能产业体系,完善氢能制、储、输、用一体化布局,结合工业、交通等领域典型用能场景,积极部署产业链示范项目
2022.1	国家发展改革委、国家能源局	《"十四五"现代能源体系规划》	适度超前部署一批氢能项目,着力攻克相关核心技术,实施氢能多场景示范应用,实施异质能源互联互通示范
2022.6	住房和城乡建设部、国家发展改革委	《城乡建设领域碳达峰实施方案》	根据已有能源基础设施及经济承载能力,因地制宜探索氢燃料电池分布式热电联供
2022.7	住房和城乡建设部、国家发展改革委	《"十四五"全国城市基础设施建设规划》	加强新能源汽车充换电、加气、加氢等设施建设,加快形成以快充为主的城市新能源汽车公共充电网络;发展相关基础设施信息服务,完善充换电、加气、加氢基础设施信息互联互通网络
2022.7	工业和信息化部、国家发展改革委、生态环境部	《工业领域碳达峰实施方案》	开展氢燃料汽车研发及示范应用;加强船用混合动力、LNG动力、电池动力、氨燃料、氢燃料等低碳清洁能源研发,加快绿色智能船舶研发及示范应用
2022.8	工业和信息化部、国家发展改革委等七部委	《信息通信行业绿色低碳发展行动计划(2022—2025年)》	有序地推广锂电池使用,探索氢燃料电池应用,推进新型储能技术与供配电技术的融合应用

表 6-1（续）

发布时间	发布机构	政策文件	内容提要
2022.8	工业和信息化部、财政部等五部委	《加快电力装备绿色低碳创新发展行动计划》	加快制氢、氢燃料电池电堆等技术装备研发应用，加强氢燃料电池关键零部件、长距离管道输氢技术攻关；开展制氢关键装备及技术应用，推进不同场景下的氢能综合能源系统应用，推动长距离管道输氢与终端装备应用
2022.8	工业和信息化部	《关于推动能源电子产业发展的指导意见（征求意见稿）》	要加快高效制氢技术攻关，推进储氢材料、储氢容器和车载储氢系统等研发；支持制氢、储氢、燃氢等系统集成技术开发及应用；加强氢储能、氢燃料电池等标准体系研究
2022.10	国家能源局	《能源碳达峰碳中和标准化提升行动计划》	开展氢制备、氢储存、氢输运、氢加注、氢能多元化应用等技术标准研制，支撑氢能"制储输用"全产业链发展；重点围绕可再生能源制氢、电氢耦合、燃料电池及系统等领域，增加标准有效供给；建立健全氢能质量、氢能检测评价等基础标准

从地方层面看，根据《中国质量报》统计，自 2017 年《上海市燃料电池汽车发展规划》发布，一直到 2021 年底，全国各地发布的氢能及燃料电池产业相关政策文件已累计达 238 个，涉及 30 个省（自治区、直辖市）[3]。这些政策使得地方各级政府、企业、科研机构对氢能产业的认同感进一步提升，有助于形成推动氢能高质量发展的工作合力。

综上所述，国家和各地扶持氢能发展的政策是明确的，在政策利好因素的驱动下，我国氢能产业的"时代风口"已经到来。

二、资金支持显著

从 2021 年开始，随着各方政策的落地，氢能广阔的市场受到了资本的高度关注。资本不断赋能各地氢能产业，对氢能产业的投资呈现投资区域较集中、投资轮次较早和热门赛道全产业链分布等特点[4]，投资方涉及企业、地方政府、高等院校、商业机构，投资规模持续扩大到千亿级人民币。以企业投资为例，企业对氢能产业的投资热情持续高涨。其中，国家能源集团、中国石油天然气集团有限公司（简称中国石油）、中国石油化工集团有限公司等一系列国企、央企投资规模较大，特别是一直致力于实现能源产业"头部公司"愿景的中国石油，明确要在氢能产业链全方位布局。此外，包括广汇能源股份有限公司、首航高科能源技术股份有限公司、吉林电力股份有限公司等在内的多家上市公司进军氢能领域。正是各大企业高涨的投资热情推动了氢能产业的快速发展。

在基金募集领域,据华宝证券统计,截至 2022 年 6 月,国内已有的 56 支氢能产业基金的募集资金规模高达 127.9 亿元。在一级市场融资领域,自 2022 年上半年以来,氢能产业股权融资发展态势火热,共发生 21 笔融资活动,融资金额高达 15.9 亿元,融资金额及数量分别比 2021 年同期增长 137％和 50％[4]。

三、产业链初步形成

我国氢能产业目前已经具有较完整的产业链,从上游制氢到氢气的存储运输再到下游氢能的应用,发展目标明确,发展路径清晰,这有助于我国提早实现能源转型,进入自给自足的"氢能社会"。

1. 制取

氢能不同于以往较为传统的能源,它的制作原理是利用不同的化石原料通过一定的生产方式转化,而在不同的生产路径中,碳排放量存在差异。国际上将利用不同的生产原料、通过不同的生产方式制得的氢气区分为绿氢、灰氢、蓝氢。此外,还有分别通过核电电解、天然气热解得到的紫氢和绿松石氢,这两种氢能在生产过程中均能实现零碳排放,但由于其生产成本较高且生产规模极小,因而暂未广为推行[5]。现阶段,能够实现零碳排放的绿氢,其制作原理简单且流程稳定可靠,但能耗极大,且需要大量的可再生能源,因此在我国暂未能实行大规模生产。灰氢的制作过程碳排放量过高,蓝氢则是较为理想的、可以用于过渡时期的一种氢能选择。

2. 储存和运输

相较于传统锂电池,氢燃料电池发展的关键在于实现氢能高效地储存和运输。氢气由于自身密度仅为空气密度的 1/14,难以被压缩,且它是一种易燃、易爆的气体,因而其日常储运有一定难度,这是在氢能产业链发展过程中遇到的最大困难。目前,按储存形态的不同,氢的储存方式分为气态储氢、液态储氢和固态储氢。我国氢能产业广泛应用高压气态储氢方式。液态储氢又被分为有机液体储氢和低温液态储氢。低温液态储氢需要把氢气冷却至零下 253 ℃,液化过程中能量消耗较多,并且氢气在储存过程中存在一定的蒸发损失。有机液体储氢则是利用甲苯或氨与氢气进行可逆加氢反应,生成液态的甲基环己烷以便储存。使用时,再利用催化剂脱氢,提取氢气。有机液体储氢安全性高,易于实现一定时间和地区跨度的氢储存,因此可用于缓解我国地区之间氢能资源分布不均的问题。其弊端是脱氢技术不成熟,导致成本居高不下,国内暂时不能实现大规模应用。但这种储氢方式的前景十分可观,未来该技术核心发展若能有所突破,则规模化应用指日可待。

就目前产业发展态势来看,氢能的运输带来的挑战正是各国研发的突破口。氢能主要通过管道、轮船及卡车三种运输载体并主要以低压氢气、高压氢气、液氢和固态氢(金属氢化物储氢和有机氢化物储氢等)四种状态进行储运。其中,管道运输最适合远距离运输氢能，从长远来看它也是最具成本效益的储运方式，但其缺点是基础设施的投入费用极高。氢能特殊的理化性质决定了输氢管道必须由高品质、具有强密封性的不锈钢等材料（主要为低碳钢）制作而成，此材料单价极高，因而在相同的管段直径及长度下，输氢管道的建设费用比普通天然气管道要高出近2倍[6]。研发出单价更低的材料来制作输氢管道，将有效解决氢能在运输方面所面临的难题。

3. 加注

作为联系氢能产业链上游制氢端及下游用户端的中间枢纽，加氢站是氢能产业链的核心设施。加氢站的全国普及程度及总体建设数量在极大程度上决定了我国氢燃料电池汽车的产业化发展进程。据国家能源局统计，2021年，我国新建加氢站数、已建成加氢站数、在营加氢站数均实现全球第一。截至2022年6月底，全国已建成加氢站270余座[7]。根据氢的储存形态，现有加氢站可分为液氢加氢站和高压气态加氢站两种。液氢加氢站的优点是占地小、存量大，但同时修建难度极大，考虑其经济性和技术性，它仅适合建在氢燃料汽车较为密集的地区。高压气态加氢站的供氢技术路线主要有两种，分别是外部供氢技术和站内制氢技术。站内制氢技术又分为电解水制氢及天然气重整制氢。相较于天然气重整制氢，电解水制氢技术目前在世界范围内已经十分成熟并且被广泛应用，大多欧洲国家的加氢站都采用该技术。目前，在国内已投入运营的加氢站中，仅有北京永丰加氢站、大连新源加氢站具备站内制氢能力，而国内其他加氢站的氢气则主要来源于外部供氢。就全球范围内来看，加氢站建设的主体为整车企业和国家政府，并且政府补贴的力度均超过50%[8]。就我国而言，2022年，全国各地对加氢站的补贴政策不胜枚举，主要按投资设备总额的一定比例进行投入补贴或按累计加注量进行运营补贴（有最高补贴限制）。为增强氢燃料终端销售价格的竞争力，对其在35元/kg以内的销售价格进行一定程度的补贴，广东发展改革委在《广东省加快建设燃料电池汽车示范城市群行动计划（2022—2025年）》中直接表明建设加氢站的各级财政补贴最高可达500万元。虽然我国目前加氢站建设仍处于发展初期，但相关政策支持力度是相当大的。

我国加氢站大多为高压气态加氢站，加注压力以35 MPa为主，以70 MPa为辅，采用35 MPa加注压力的加氢站占比高达90%。相较于国外以70 MPa高压气态加氢站及液氢加氢站为主的情况，我国加氢站的加注能力与顶尖水平相比仍存在差距，我国在加注技术上还有较大的发展空间[9]。

目前，我国加氢站建设用地的批复存在困难，并且单独的加氢站的建造成本以及运营成本都很高，所以在原有的甚至新建的加油站或充电站设施基础上建设加氢站就更为合理，这样不仅可以节省新建成本，还能构建充换电、加气、加油、加氢的一站式综合能源补给体系。在2021年我国新建成或投运的加氢站中，独立加氢站仅占比45%，紧随其后的分别是两项（油氢、氢电、气氢）合建站、三项（油气氢、气氢电、油氢电）合建站及四项（油气氢电）合建站，合建站已经成为我国加氢站发展的趋势[10]。若能将一体化的综合能源补给与站内加氢的技术实现并广泛推广，我国在加氢站上的发展潜力巨大。

我国目前的加氢站均尚未赢利,一方面是由于建设及运营成本高昂;另一方面则是因为国内氢气价格较高,影响了市场需求。以氢气和汽油这两种汽车燃料作对比,汽车行驶100 km要消耗6～7 L汽油或者1 kg氢气,而汽油价格为8～9元/L,因此在这段里程中花费的汽油成本是48～63元,若氢气价格能保持在48元/kg以下,它就比传统汽油能源更有价格优势。但资料显示,国内加氢站氢气单价为60～70元/kg,明显高于传统能源。只有将加氢站氢气售价大幅降低,氢燃料电池公交车运行成本才能达到和柴油车同等水平甚至更低。

氢气的价格构成主要包括氢气原材料供应成本,氢气的生产运输及储存成本,加氢站建设的固定成本、可变成本,以及加氢站的日常运营维护成本,其中涉及氢气的制备及储存运输的成本占比高达70%。而对比氢能,汽油售价的构成部分则主要是汽油的消费税。所以为了降低氢气单价,实现氢气的低成本、大规模、高效率的制备、储存和运输是亟待解决的关键性难题。

4. 应用

在碳达峰、碳中和目标下,氢能可以应用于交通、储能、发电、工业、建筑等多个领域。其中,交通和工业为主要应用领域,建筑、发电和供热等领域仍然处于探索阶段。

氢能在交通领域成长性最强,交通领域也是我国目前在氢能应用方面产业化程度最高的领域。氢燃料电池汽车是氢能在交通领域的重要应用。当前,我国氢燃料电池汽车的产业链正处于示范推广期,在国家和各地市的氢能产业政策的支持、引导和推动下,我国氢燃料电池汽车的市场成长轨迹有望复刻动力电池汽车的市场成长轨迹。截至2022年7月,我国已成为全球燃料电池商用车推广最多的国家,燃料电池汽车保有量已经达到10 561辆[3]。随着氢燃料电池汽车国产化进程及深入推进氢能产业链上下游的协同发展的不断提速,我国逐步在成都、武汉及山东半岛、京津冀、长三角、珠三角等不同区域形成了规模化的产业集群和示范应用。北京冬奥会期间,上千辆氢燃料电池汽车提供服务保障,实现全球最大规模的示范应用。在京津冀氢燃料电池汽车示范城市群,首个示范年度新车上牌已超千辆,实现氢能产业"从1到10"的突破。在车型方面,我国仍以氢燃料电池商用车为主。从商用车的细分市场看,氢燃料电池重型卡车受到市场的追捧,解放、东风、红岩、陕汽、江铃、大运等车企纷纷推广氢燃料电池在重型卡车领域的应用,部分企业已经实现量产。

氢能作为工业原料可广泛应用于我国的工业领域,尤其是化工领域[10]。尽管短期内化工领域的绿氢应用面临经济性挑战,但随着可再生能源发电价格的持续下降,绿氢的成本问题将逐步得到解决,绿氢有望替代成为化工生产的常规原材料,低成本的绿氢将重塑化工领域的格局,打开化工行业转型发展新局面。钢铁行业是我国制造业中碳排放量最大的行业,而氢冶金是钢铁行业实现碳中和目标的革命性技术。在碳达峰、碳中和目标下,氢冶金能够帮助钢铁生产等行业摆脱对化石能源的过度依赖,进而从根源上解决碳排放问题,从而实现钢铁行业的深度脱碳目标。

氢能作为终端能源可以被应用于电力行业。在发电领域,不同于作为储能装置的锂电池,氢燃料电池的本质是一个电化学反应的发电装置,其内部反应并不是简单的燃烧过程而是能量转换,反应原理是通过电化学反应将阳极的氢气和阴极的氧气的化学能转化为电能。氢燃料电池发电不受卡诺循环的限制,其能量转化(发电)效率能够达到一半以上;如果能实现热电联供,氢燃料的总利用效率将能达到80%甚至更多,还能带动供热行业协同发展。此外,氢燃料电池装置并不像传统电池,其内部只含有极少的运作零件,运行噪声少,并且几乎不需要进行维护;与此同时,电化学反应的特性使得氢燃料电池发电清洁、安全,产物对环境无污染。因此,氢燃料电池车、燃料电池分布式发电、家用热电联产以及应急便捷式电源均为氢燃料电池在电力领域较理想的应用。

解决储能问题是实现可再生能源大规模利用的刚需,氢储能是实现可再生能源消纳的重要途径之一。2021年,国家发展改革委、国家能源局印发《关于加快推动新型储能发展的指导意见》(下称《意见》),《意见》中明确表示将氢能纳入新型储能范畴。目前,我国氢储能各个环节的产业化程度不高,实现规模化发展任重道远。长期来看,随着可再生能源发电渗透率的提升,火电等可调节电源的陆续退出,氢储能的安全备用、季节性调峰的价值将日渐凸显,未来氢储能的综合经济性有望大幅提升。

总体来看,中国具备发展氢能的诸多先天优势,获得的关注与日俱增,氢能应用的推广也在持续加快。但也应该看到,我国氢能产业仍处于发展初期,在发展中仍然存在一些问题。

第二节　中国氢能产业面临的问题

一、政策与标准体系有待完善

虽然我国各地支持氢能的政策频出,但各地主要将氢燃料电池车及其产业链作为重点发展方向,支持领域和手段较为单一,缺乏与产业转型升级相适应的多领域协同支持的政策体系。此外,氢能相关建设体系标准与技术标准仍缺乏,主要体现在以下四个方面。

一是我国尚未建立完善的安全体系标准。我国有关氢制备、储运以及加氢设施的安全标准较少,并且缺乏涉及质量与安全问题的重要测试设备,如氢气质量检测设备、氢气泄漏检测设备等。氢气的制取与储运、加氢站的建设与运营等多个产业链细分领域缺乏安全管理细则[11]。

二是加氢站缺乏明确的归口管理部门。加氢站建设需要经过多个部门的审核批准,但各部门管理标准不同,对于提交材料的审核标准也不尽相同,导致审批手续较为复杂,建设周期较长,这严重制约了建设方的积极性[12]。同时,目前相关法律法规仍将氢能按照危险化学品进行管理,导致氢能项目多局限于化工园区内,制氢工业用地与加氢站商业用地的性质冲突尚未解决,而且新建加氢站建设标准中对于选址条件的要求较高,严重制约了加氢站的普及与推广。

三是缺乏绿氢的国家标准及溯源机制。综合考虑氢能产业全周期的碳排放核算方法与统计制度还需要完善[11]。

四是氢能商品化、金融化交易平台有待发展。支持绿氢市场盘查、核算、认证核证的机构和专业化的研究机构仍然缺乏[11]。

二、核心技术尚未自主

氢能属于技术密集型能源,具有极高的技术要求。我国氢能产业整体上仍存在关键零部件和核心技术尚未自主的问题。与欧盟、日本、韩国、美国等发达国家或经济体相比,我国在氢能全产业链的主要环节存在明显短板,一些基础原材料、核心零部件等方面存在技术壁垒,这严重阻碍了我国氢能产业的发展。

在储运方面,低温液态储氢是目前最好的氢储能方式。相比其他几种方式,低温液态储氢具有运量更大、纯度更高、运输成本更低的优点[12]。目前,我国低温液态设备发展较好,已经完全实现了液氢储罐的国产化、自主化,其最大容积可达 300 m³,但在高压气态储运上与世界发达国家仍存在一定差距,储氢瓶、压缩机、高压阀门等关键设施尚未实现自主化生产[13]。储运环节的技术瓶颈不仅制约下游产业的应用,而且抬高了下游产业的使用成本。

在燃料电池方面,我国在关键零部件和核心技术方面已有突破,氢燃料电池系统所需的催化剂、质子交换膜及双极板等核心部件均已实现国产化,但国产化装备在质量与性能方面与世界先进水平相比仍存在差距,因此仍主要依赖进口,这不利于我国氢燃料电池产业的自主可控发展。此外,就链接产业链上下游的关键设施——加氢站而言,我国普及的是加注压力为 35 MPa 的高压气态加氢站,而国外普及的是储氢量更大的 70 MPa 高压气态加氢站和储存与运输更加安全便捷的液氢加氢站,我国的氢气加注技术水平仍有待提升。

三、绿氢制备面临经济性欠缺问题

我国在利用太阳能、风能、电能等可再生能源制氢方面存在制氢成本较高、能量转换效率较低等问题,与化石能源制氢相比不具备成本优势。具体而言,电费和电解槽成本是实现绿氢规模化生产的关键。当前,绿氢制备面临经济性欠缺问题,其高成本源自消耗的电费和电解槽购置费。具体表现在以下两个方面。

首先,电费占制氢总成本的比重约为 85%。我国电解水制氢电价参照大工业电价标准执行,当电价为 0.4~0.6 元/(kW·h)时,电解水制氢成本为 30~40 元/kg。只有当电价降低到 0.1 元/(kW·h)时,电解水制氢成本才可下降至 10 元/kg,与化石能源制氢价格相当。

其次,电解槽进口成本较高[14]。碱性电解槽和PEM电解槽是两种主流的电解设备。碱性电解槽设备已基本实现国产化,单价在200万~300万元/MW,是当前市场主要的电解设备,但因其技术工艺已趋于成熟,较难通过技术革新进一步降低成本。PEM水电解槽设备是未来发展方向,进口单价为1000万~1500万元/MW,进口成本较高。

四、金融支持有待强化

氢能基础设施、应用及示范区建设均需要大量资金支持。目前,绿色金融分类标准中纳入了加氢设施制造、燃料电池装备制造、氢能利用设施建设和运营等内容,但尚未体现对绿氢全产业链的支持。同时,对氢能企业还缺乏精准的绿色信贷支持政策,绿色债券、绿色保险、绿色基金等对氢能产业的支持力度仍有待加大,与金融配套的担保工具、征信服务、评级与认证服务等仍有待完善[11]。

五、基础设施建设存在问题

首先,加氢站、输氢管道等氢能基础设施建设不足,产业链上下游难以形成有效联动。目前,我国各类加氢站总数远不及加油站总数。主要原因是,我国加氢站建设成本较高,如储氢瓶、压缩机和冷却系统等核心设备方面尚未实现自主化,主要依赖进口,在扣除掉政府补贴的情况下,建设一座加注量为500 kg/d的35 MPa固定式加氢站,其投资成本是传统加油站成本的2~3倍,而这仅是建设成本,对于投入运营的、商业化的加氢站来说,还面临着聘请国外维修技术人员及设备维护等高额费用。类似地,我国输氢管道建设也面临着建设成本过高的问题。截至2022年3月,我国输氢管道里程约400 km,其中在用管道仅100 km左右[15],而到2021年我国的天然气输送管道里程已经超过$11×10^4$ km。输氢管道里程过低严重制约了氢气的输运能力,从而影响了氢能的大规模应用。

其次,我国目前加氢站的基础设施面临区域差异较大的问题。广东省加氢站建设数量位居第一,远超其他省份。北京、河北、山东、浙江、江苏、上海、湖北等地加氢站建设紧随其后,而多数省份已投运加氢站数量较少,甚至个别省份尚未披露相关信息,可能还不具备建成并且投运的加氢站。就未来高密度储氢和安全氢能利用的发展方向——固态储氢而言,国家重点研发项目、国内首个固态氢加氢站于2023年3月在广东省广州市建成。固态储氢技术不同于现有的高压气态与低温液态储氢,它储氢密度高、充放氢压力小、安全性高、可跨季节长周期存储,能源站核心技术及装置均已国产化,并且固态储氢装置的核心——储氢合金,主要源于我国相对过剩的高丰度稀土与钛,如果将其推广,可以缓解相关资源的过剩问题、促进稀土及钛资源高效利用,还能替代传统加氢站的压缩及纯化系统,预计可使单站建设成本节约200余万元。类似地,我国输氢管道建设也存在区域差异较大的问题。

六、应用场景有待拓展

氢能产业亟待以大规模应用摊薄固定资产和研发投资成本,实现商业可持续。就应用端而言,因为受限于氢气储运网络的不完善及我国可再生能源资源的特殊分布状况,我国制氢端与用氢端存在着天然的地理空间错位性。我国西北地区太阳能及风能资源丰富,具备有效开展可再生能源制氢的巨大优势,但大规模的用氢需求却主要集中在人口集中、开放程度高、经济发达的东南地区,长距离、大规模的运输使得终端用氢成本过高,不具备经济性[16]。我国氢能应用场景较为单一,氢主要作为合成氨、甲醇等产品的生产原料,用于能源载体的份额占比小。据中国煤炭工业协会数据统计,2020年我国氢气总产量为2500万t,位居世界首位,而这2500万t中仅有1%左右作为能源载体使用。此外,受技术、成本以及基础设施等多因素的限制,我国各地氢能发展方向主要集中在燃料电池汽车领域[17],并且多集中于商用车(含货车、专用车、工程车辆、9座以上的所有客车等),乘用车仍处于示范运行阶段。

总体看来,我国支撑氢能产业发展的基础性制度滞后,一些地方政府盲目跟风,进而导致地方氢能产业的低水平建设、同质化竞争,没能因地制宜发挥地区优势,技术与基础设施水平不高,应用场景有待拓展,产业发展路径及发展形态尚需进一步探索,亟须国家加强顶层设计和统筹谋划,确定产业发展方向,引导产业健康有序发展。

第三节　中国氢能产业的发展趋势

氢能产业是有望带动10万亿级规模的战略性新兴产业。在能源转型背景下,它是构建新型能源体系的重要产业支撑,也是我国推动能源结构调整、产业转型升级的重要抓手。有研究认为,在已经发布的地方规划中,预计到2025年,加氢站将超过1000座,燃料电池汽车累计推广量将超过15万辆,氢能产业累计产值将超过9600亿元[4]。

一、氢能产业技术持续提升

一个产业发展的关键是技术。从全球氢能产业现状来看,持续不断提升氢能产业关键核心技术水平已经成为行业共识,各国均立足于本国的产业基础、资源禀赋及现实需求积极发展氢能产业技术。我国氢能产业在关键核心技术、核心零部件、关键材料及质量、性能和可靠性等方面仍与国外有一定的差距,而且产业装备进口依赖度较高。因此,在我国氢能产业发展蓝图清晰、政策大力支持的情况下,我国氢能产业关键核心装备精密度、关键材料性能、生产工艺流程及国产化率等技术产业化水平将不断进步,实现核心工艺、生产流程自主可控,不断接近世界领先水平。

二、氢能产业成本不断降低

目前燃料电池商用车的开发与运营成本过高,并且大部分车辆的续驶里程在 600 km 以下,能够超过 800 km 的很少,若在散热、系统寿命与储氢容量等方面取得相关技术的突破,其成本将能与同级纯电动汽车持平,甚至更低。随着国产化速度的加快、技术与工艺应用的成熟、生产规模的扩大,包括燃料电池、氢的"制储运用"、加氢站等一系列的氢能产业成本将不断下降。"十四五"将是我国实现碳达峰、碳中和目标的关键时期,氢能产业具备巨大的降本潜力,有望加速步入成熟的商业化与市场化发展阶段。

三、氢能产业体系不断完善

在全球范围内,发达国家与新兴经济体都在积极支持本国氢能产业发展。在碳达峰、碳中和目标下,许多经济体已将发展氢能产业作为能源发展战略,并且发布与氢能相关的双边和多边合作协议及倡议,推进国际上氢能行业相关法律法规、技术标准等体系的构建,推动国际氢能产业的合作与发展。我国将大力建设氢能储运与加注方面的基础设施,提升储氢装置、输氢管道、加氢站等中间设施的数量与质量,搭建好联通氢能产业上下游的桥梁,产业链上、中、下游将趋于协调发展,氢能产业体系将不断完善。

四、氢能产业政策体制不断健全

在我国,国家将强化顶层设计,健全制度保障,从体制上破除各种阻碍氢能产业发展的因素,氢能产业相关项目在立项审批、建设运营等方面的体制机制障碍将被逐步破除,管道输氢、高压气态输氢、液氢储运等系列标准、相关国家级安全技术规范及氢能供应环节相关法律法规体系将不断完善。各地也都在不断出台氢能产业发展政策,加强部门管理,落实岗位职责,确保责任到岗到人,措施到边到底。

五、氢能产业龙头引领未来发展格局

我国氢能不断完善的产业布局将吸引国内外具备资源优势、技术优势的头部企业抢滩落地。截至 2023 年 4 月,全国 98 家中央企业已有近半数开始布局氢能产业,京津冀、长三角及粤港澳大湾区等国家重点发展区域的氢能产业已呈现集群化发展态势并初具规模[18]。其中,具有雄厚的资金与优秀的研发团队,并且在全产业链具备绝对优势的央企及发展效益突出的其他企业将逐渐占据氢能市场的主导地位,引领产业未来发展方向与格局,在全国形成优胜劣汰、优势互补的协调发展的新局面。

六、氢能产业应用场景不断扩展

随着我国氢能产业技术、工艺不断进步与相关基础设施建设不断完善,未来氢的制备、储存等成本将不断降低,长距离、大规模运输导致的终端用氢成本也会显著降低,我国制氢端与应用端的地理空间错位问题将得到有效缓解,氢将更好地服务于产业应用端,进一步拓展产业应用场景。

交通领域是我国目前氢能的主要应用领域。我国幅员辽阔,将氢燃料电池应用于长途载重商用车具有重要意义,尤其是对于冷链运输等耗能较大的车辆,氢燃料电池将展现出它的巨大优势。氢燃料电池的应用场景也将从商用车向乘用车,从公共交通领域向重型卡车、物流,从氢燃料电池车向氢燃料发动机船舶、氢动力航空等众多领域进一步拓展。随着我国氢能产业的不断发展,氢燃料电池在我国交通细分领域的应用与拓展将有力地促进我国整个交通运输领域的能源低碳化转型。

氢是主要的工业原料,目前在我国工业领域主要用于化工。随着氢冶金等工业脱碳技术的不断发展,氢将更多地被应用于钢铁、水泥等其他碳排放量巨大的工业领域。未来,低成本的绿氢将作为常规工业原料重塑我国工业领域的发展格局,从根本上实现我国工业领域的深度脱碳。

作为终端能源,目前我国氢能在供能场景方面已有投入应用,以氢燃料为基础的建筑供热、分布式发电将在全国广泛展开,以收集发电所产生热量为基础的热电联供将推动供电、供热领域协同发展,逐步扭转我国以火力发电、热电厂供热为主的供能情况,促进我国能源领域高效率、低碳化发展。

作为需求潜力巨大的能源产品,利用水能、太阳能、风能等各种可再生能源制氢将是未来氢能供应的重要发展方向。可再生能源制氢与氢储能将是未来实现可再生能源大规模消纳的重要路径,氢储能产业若能实现规模化发展,我国能源资源的应急备用、电网的大规模调峰及跨区域、跨季节储能将更加安全可控、绿色低碳。从利用可再生能源制氢到用储能技术储氢,再到利用氢能促进交通领域和工业领域的低碳化,都保证了中国氢能产业的高质量发展[19]。

可以预见的是,随着氢能产业的大众认知度、认可度的不断提高,氢能产业的发展将不断催生出新的需求,应用场景也将被不断拓展。

本章主要参考文献

[1] 田江南,安源,常德生,等.碳中和背景下我国新型电力系统构建过程中的问题与建议[J].电力勘测设计,2022(7):67-70.

[2] 赵子充.氢风劲吹[J].国企管理,2022(12):88-90.

[3] 王雅雯.我国氢能产业正步入高质量发展新阶段[N].中国质量报,2022-09-20(02).
[4] 解旖媛.氢能产业融资火热延续[N].金融时报,2022-09-22(06).
[5] 寇静娜.能源转型中的东南亚国家角色与内在冲突:一项以氢能为核心的分析[J].南洋问题研究,2022(2):53-71.
[6] BALL M,WIETSCHEL M.The future of hydrogen : Opportunities and challenges[J].International Journal of Hydrogen Energy,2009,34(2):615-627.
[7] 新华网.我国氢能产业链初具雏形 未来将带动形成十万亿级新兴产业[EB/OL].(2022-09-19)[2022-10-12].http://www.news.cn/energy/20220919/doec2587ff784be38f7b281686fla726/c.html.
[8] 国联证券."氢"洁世界,"能"创未来[R].无锡:国联证券,2020.
[9] 胡杭健,刘再斌,段志祥,等.我国加氢站建造趋势分析[J].能源与环境,2022(5):6-9.
[10] 李建林,李光辉,郭丽军,等."十四五"规划下氢能应用技术现状综述及前景展望[J].电气应用,2021,40(6):10-16.
[11] 张真,史英哲.氢能产业金融财政支持体系建设[J].中国金融,2022(9):92-93.
[12] 李勋来,鲁汇智.我国氢能产业的发展现状及对策建议[J].江淮论坛,2022(3):41-47.
[13] 张敏,林江刚,刘荣峰,等.江苏氢能产业化发展现状及对策建议分析[J].当代化工研究,2022(13):177-179.
[14] 王建东,刘雅婷,付钰群.河北省氢能产业发展优势及开发性金融支持路径[J].河北金融,2022(3):16-20.
[15] 刘坤.稳慎应用 示范先行:聚焦《氢能产业发展中长期规划(2021—2035 年)》[N].光明日报,2022-03-30(10).
[16] 邹才能,李建明,张茜,等.氢能工业现状、技术进展、挑战及前景[J].天然气工业,2022,42(4):1-20.
[17] 罗佐县,曹勇.氢能产业发展前景及其在中国的发展路径研究[J].中外能源,2020,25(2):9-15.
[18] 叶青.我国氢能产业发展步入快车道[N].科技日报,2023-04-11(06).
[19] 张灿,张明震,申升,等.中国氢能高质量发展的路径建议与政策探讨[J].南方能源建设,2022,9(4):11-23.

第七章

中国氢能产业发展战略目标、布局与重点任务

第一节 中国氢能产业发展战略目标选择

一、国家层面

根据《氢能产业发展中长期规划（2021—2035年）》，我国氢能产业发展战略目标如下。

到2025年，形成较为完善的氢能产业发展制度政策环境，产业创新能力显著提高，基本掌握核心技术和制造工艺，初步建立较为完整的供应链和产业体系。氢能示范应用取得明显成效，清洁能源制氢及氢能储运技术取得较大进展，市场竞争力大幅提升，初步建立以工业副产氢和可再生能源制氢就近利用为主的氢能供应体系。燃料电池车辆保有量约5万辆，部署建设一批加氢站。可再生能源制氢量达到10～20万t/a，成为新增氢能消费的重要组成部分，实现二氧化碳减排100万～200万t/a。

到2030年，形成较为完备的氢能产业技术创新体系、清洁能源制氢及供应体系，产业布局合理有序，可再生能源制氢广泛应用，有力支撑碳达峰目标实现。

到2035年，形成氢能产业体系，构建涵盖交通、储能、工业等领域的多元氢能应用生态。可再生能源制氢在终端能源消费中的比重明显提升，对能源绿色转型发展起到重要的支撑作用。

二、区域层面

1. 部分省、自治区、直辖市

在各省、自治区、直辖市编制的氢能产业发展实施方案、中长期规划中,氢能在各地能源绿色低碳转型中的战略定位、总体要求和发展目标都得以明确。发展目标又细分为总体目标、阶段目标、近期目标和远期目标等,构建了各省、自治区、直辖市氢能战略发展的蓝图。其中,以下省、自治区、直辖市都设定了2025年氢能产业发展的阶段目标,虑及氢能产业总产值规模、燃料电池车数量、加氢站数量是关键和共性的指标,按照以上三个指标的目标值的高低,各省、自治区、直辖市的大致排序如表7-1所示。

表7-1 部分省、自治区、直辖市氢能产业发展阶段目标

地区	政策文件	发布时间	2025年氢能产业总产值规模目标	2025年燃料电池车数量目标	2025年加氢站数量目标
山东省	《山东省氢能产业中长期发展规划（2020—2030年）》	2020.6	氢能产业总产值规模突破1000亿元	累计推广燃料电池汽车1万辆	累计建成加氢站100座
陕西省	《陕西省"十四五"氢能产业发展规划》	2022.7	氢能全产业链规模达1000亿元	推广各型燃料电池汽车1万辆左右	建成投运加氢站100座左右
北京市	《北京市氢能产业发展实施方案（2021—2025年）》	2021.8	京津冀区域累计实现氢能产业链产业规模1000亿元以上	燃料电池汽车累计推广量突破1万辆	建成74座加氢站
上海市	《上海市氢能产业发展中长期规划（2022—2035年）》	2022.6	氢能产业链产业规模突破1000亿元	燃料电池汽车保有量突破1万辆	建设各类加氢站70座左右
河南省	《河南省氢能产业发展中长期规划（2022—2035年）》	2022.8	氢能产业年产值突破1000亿元	推广各类氢燃料电池汽车5000辆以上	适度超前布局建设一批加氢站
内蒙古自治区	《内蒙古自治区"十四五"氢能发展规划》	2022.2	氢能产业总产值超过1000亿元	累计推广燃料电池汽车5000辆	加氢站（包括合建站）达到60座

表7-1（续）

地区	政策文件	发布时间	2025年氢能产业总产值规模目标	2025年燃料电池车数量目标	2025年加氢站数量目标
辽宁省	《辽宁省氢能产业发展规划（2021—2025年）》	2022.8	氢能产业实现产值600亿元	燃料电池车辆（含公交车、乘用车、重型卡车、牵引车、环卫等）保有量达到2000辆以上，燃料电池叉车保有量达到1000辆以上，燃料电池轨道交通车辆保有量达到10辆以上	加氢站达到30座以上
河北省	《河北省氢能产业发展"十四五"规划》	2021.7	氢能产业链年产值达到500亿元	燃料电池汽车规模达到1万辆	累计建成100座加氢站
安徽省	《安徽省氢能产业发展中长期规划》	2022.11	氢能产业总产值达到500亿元	力争燃料电池系统产能达到10 000台/年，燃料电池整车产能达到5000辆/年	加氢站数量达到30座
福建省	《福建省氢能产业发展行动计划（2022—2025年）》	2022.12	实现产值500亿元以上	燃料电池汽车应用规模达到4000辆	力争建成40座以上各种类型加氢站
江西省	《江西省氢能产业发展中长期规划（2023—2035年）》	2023.1	氢能产业总产值规模突破300亿元	燃料电池车辆保有量约500辆	累计建成加氢站10座
吉林省	《吉林省新能源产业高质量发展战略规划（2022—2030年）》	2022.12	氢能产业产值力争达到百亿级规模	氢燃料电池车辆运营规模达到500辆	全省建成加氢站10座

虽然，山西、四川、贵州、湖南四省2025年氢能产业发展的阶段性战略目标中没有涉及氢能产业总产值规模，但山西省对燃料电池汽车保有量设定了目标值，四川省、贵州省及湖南省对燃料电池汽车应用规模、加氢站数量设定了目标值，具体如表7-2所示。

表 7-2 山西、四川、贵州、湖南四省氢能产业发展阶段目标

地区	政策文件	发布时间	2025 年阶段目标
山西省	《山西省氢能产业发展中长期规划（2022—2035 年）》	2022.7	燃料电池汽车保有量达到 1 万辆以上（全国约 5 万辆），部署建设一批加氢站，应用规模全国领先
四川省	《四川省氢能产业发展规划（2021—2025 年）》	2020.9	燃料电池汽车（含重卡、中轻型物流、客车）应用规模达 6000 辆，建成多种类型加氢站 60 座
贵州省	《贵州省"十四五"氢能产业发展规划》	2022.7	示范运营燃料电池重卡、物流车、环卫车、大巴车、公交车及特种车辆超 1000 辆，建成加氢站 15 座（含油气氢综合能源站）
湖南省	《湖南省氢能产业发展规划》	2022.10	形成氢源和燃料电池整车双轮驱动、100 家以上氢能产业相关企业全面发展格局，建成加氢站 10 座，推广应用氢燃料电池汽车 500 辆

此外，江苏省、重庆市以及宁夏回族自治区三个地区虽尚未出台与氢能产业相关的专项规划、行动方案等政策文件，但在汽车产业和能源发展"十四五"规划以及能源领域的碳达峰实施方案中，均设定了 2025 年氢能产业发展的阶段性战略目标（表 7-3），包括燃料电池汽车数量目标、加氢站数量目标以及绿氢生产规模等内容。

表 7-3 江苏、重庆、宁夏三地氢能产业发展阶段目标

地区	政策文件	发布时间	2025 年阶段目标
江苏省	《江苏省"十四五"新能源汽车产业发展规划》	2021.11	累计投放氢燃料电池汽车超过 4000 辆，建成商业加氢站 100 座
重庆市	《重庆市能源发展"十四五"规划（2021—2025 年）》	2022.6	推广应用氢燃料电池汽车 1500 辆，建设多种类型加氢站 30 座
宁夏回族自治区	《宁夏回族自治区能源领域碳达峰实施方案》	2023.3	绿氢生产规模达到 8 万 t/a，力争建成 10 座日加氢量为 500 kg 及以上的加氢站

2. 部分城市

氢能是典型的清洁能源，被视为"21 世纪的终极能源"。近年来，随着中央政府不断推出鼓励氢能发展的政策，许多城市积极谋划氢能城市建设和氢能产业发展，明确了氢能的发展目标，发展目标又细分为总体目标、阶段目标、近期目标和远期目标等。其中，以下城市围绕氢能产业总产值规模、燃料电池汽车推广应用数量以及加氢站数量方面，设定了 2025 年氢能产业发展的阶段目标（表 7-4）。

表 7-4 部分城市氢能产业发展战略目标

地区	政策文件	2025 年氢能产业总产值规模目标	2025 年燃料电池车数量目标	2025 年加氢站数量目标
广州市	《广州市氢能产业发展规划（2019—2030 年）》	氢能产业实现产值预计 600 亿元以上	公交、环卫领域燃料电池汽车占比不低于 30%，燃料电池乘用车实现千辆级规模的商业化推广应用	建成加氢站不少于 50 座
苏州市	《苏州市氢能产业发展指导意见（试行）》	氢能产业链年产值突破 500 亿元	公交车、物流车、市政环卫车和乘用车批量投放，运行规模力争达到 10 000 辆	建成加氢站近 40 座
佛山市	《佛山市氢能源产业发展规划（2018—2030 年）》	氢能源及相关产业累计产值达到 500 亿元	公交车保有量 2500 辆，乘用车保有量 1000 辆，叉车保有量 550 辆，有轨电车保有量 60 辆，物流车/专用车保有量 6000 辆	加氢站达到 43 座
深圳市	《深圳市氢能产业发展规划（2021—2025 年）》	氢能产业规模达到 500 亿元	示范燃料电池车辆不少于 1000 辆	建设加氢站不少于 10 座
宁波市	《宁波市氢能产业中长期发展规划（2020—2035 年）（征求意见稿）》	氢能产业产值突破 400 亿元	各类氢燃料电池车辆运行规模突破 1500 辆	建成具有加氢功能的综合供能服务站 20~25 座
珠海市	《珠海市氢能产业发展规划（2022—2035 年）》	氢能产业总产值预计达 100 亿元	累计推广燃料电池汽车不低于 520 辆	建成加氢站（包括综合能源站/改扩建站）不低于 15 座
舟山市	《舟山市加快培育氢能产业发展的指导意见（征求意见稿）》	氢能产业年产值突破 50 亿元	示范运行氢能公交车 50 辆以上	全市建成 5 座以上固定式加氢站（包括综合供能站）

值得一提的是，东营市对于氢能产业发展目标给出了较为详细的规划，该市围绕氢能产业规模、技术创新及氢能示范应用等方面，设定了 2025 年氢能产业发展的阶段目标，具体内容见表 7-5。

表 7-5　东营市氢能产业发展战略目标

政策文件	目标维度	2025 年阶段目标
《东营市氢能产业发展规划(2022—2025 年)》	产业规模	初步构建"灰氢提纯利用＋绿氢制取"氢能供应体系,氢能外供能力达到 12 万 t/a,其中灰氢提纯 7 万 t/a,绿氢制取 5 万 t/a,实现二氧化碳减排约 50 万 t/a。培育 30 家以上氢能相关企业,力争氢能产值达到 100 亿元
	技术创新	培育 5 家绿氢技术研发机构,扶持一批氢能技术与装备核心攻关项目
	氢能示范应用	打造 1 个氢能应用园区示范、3 个炼化绿氢替代示范、1 个有色金属冶炼绿氢替代示范、3 个"风光电＋氢储能"一体化示范,建成加氢站数量、推广应用氢燃料电池汽车数量达到省定目标

第二节　中国氢能产业发展战略布局

一、国家层面

我国氢能产业基于现有产业发展基础,定位于生产、消纳等方面,在战略布局上强调统筹谋划、因地制宜、突出重点、兼顾长远,现阶段已初步形成长三角、珠三角、环渤海和川渝鄂四个产业集聚区[1]。长三角地区以上海为中心,以汽车产业集群为依托,区域内高校聚集,研发实力雄厚。珠三角地区形成了佛山、广州、深圳三大氢燃料电池企业创新区,六大氢能产业基地,在物流运输等领域初步实现规模化应用。环渤海地区以北京为轴心,多个业内领先企业聚集于此,推动了相关区域加氢站及氢燃料电池的发展。川渝鄂地区则以武汉、成都、重庆为代表城市,依托丰富的资源,形成了较为完整的产学研用发展体系,推动了可再生能源清洁制氢技术发展。如"成都造"氢燃料汽车在北京冬奥会的登场无疑具有强大的示范应用价值,更是对成都"氢"实力的肯定。2021 年 12 月,四川省委十一届十次全会确定了成都氢能发展的新方向,《中共四川省委关于以实现碳达峰碳中和目标为引领推动绿色低碳优势产业高质量发展的决定》提出,四川将支持成都打造"绿氢之都",成都氢能产业迎来前所未有的机遇[2]。

二、区域层面

1. 长三角地区

长三角地区以上海为龙头,打造氢输运高速示范线路,提升长三角区域氢源保障能力,高水平推动氢能在长三角生态绿色一体化发展示范区的应用推广。长三角地区氢能产业的空间布局如表 7-6 所示。

表 7-6 长三角地区氢能产业空间布局

地区	空间布局
上海市	打造"南北两基地、东西三高地"的氢能产业空间布局。 南北两基地:金山氢源供应与新材料产业、示范运营基地,以及宝山氢源供应与综合应用基地。 东西三高地:临港氢能高质量发展实践区、嘉定氢能汽车产业创新引领区、青浦氢能商业运营示范区
浙江省	培育壮大氢燃料电池汽车及零部件产业:重点发展氢燃料电池整车;支持吉利汽车等整车生产企业开发氢燃料电池汽车,积极引进具备国际先进水平的氢燃料电池整车企业;加快发展氢燃料电池及发动机;发挥嘉善爱德曼、中氢新能(湖州)、杭州润丰、嘉兴德燃动力等现有企业的先导和带动作用,实施一批氢能产业重点项目,加快推进氢燃料电池电堆、发动机及动力总成产业化,逐步形成集群效应。 拓展延伸氢能产业链:积极发展氢燃料电池船舶;创新发展氢燃料电池发电和供热应用装备;加快发展制、储、运、加氢装备;鼓励引入国际知名企业,加快发展加氢机、控制阀组、氢气压缩机、液(气)氢贮罐等氢能配套产业;支持巨化集团与浙江大学深化产研合作,提升 70 MPa 以上高压储氢容器研发制造水平。 引进培育龙头企业:充分利用长三角一体化国家战略契机,推动浙江与全球领先的氢能企业和科研机构建立广泛深入的联系,积极引进一批具有较强带动力的龙头企业。 开展氢能应用示范试点:嘉兴公交应用示范试点、宁波港口物流应用示范试点、杭州亚运会通勤专线应用示范试点、舟山海洋应用示范试点
安徽省	持续完善充换电、氢燃料供给、智能交通道路网及数据平台等基础设施布局,推动汽车与能源、交通、信息通信、人工智能等产业协同融合发展。 六安市发挥氢燃料电池产业先发优势,打造全国知名的氢燃料电池自主创新高地、高端制造基地和多元应用试验区,形成完整的创新链条和高效的创新生态。 重点发展氢燃料电堆、膜电极、双极板、质子交换膜、催化剂、碳纸、空气压缩机、氢气循环系统等基础材料和关键零部件,支持安徽明天氢能科技股份有限公司等重点项目建设,推进关键核心技术产业化
江苏省	支持南京、无锡、苏州、南通(如皋)等地区完善产业发展规划,加快氢燃料电池汽车产业集聚集约发展。 落实国家长三角地区一体化发展的战略部署,完善沿海、沿江、沿沪宁线的加氢站网络布局

2. 珠三角地区

珠三角地区的氢能产业发展战略:加快培育氢气制储、加运、燃料电池电堆、关键零部件和动力系统集成的全产业链;布局电解水制氢、天然气制氢、工业副产氢提纯装备制造产业;推进高密度储氢装备制造,短期加强高压气态储氢建设,长期布局低温液氢、低压固态储氢产业;开展 PEM 电解水制氢、氢气纯化、低温液氢、低压固态储氢技术研究,加快催化剂、碳纸、膜电极等燃料电池关键设备国产化研制。

珠三角地区的氢能产业空间布局为利用低温氢燃料电池产业区域先发优势,形成产业集聚区——形成广州-深圳-佛山-环大湾区核心区燃料电池产业集群;推进佛山(云浮)产业转移、广州开发区、佛山南海仙湖氢谷、佛山高明等氢燃料电池产业园建设;建立广深高温燃料电池及系统研发制造基地,建立广州、佛山、东莞、云浮氢能高端装备产业集聚区和惠州、茂名、东莞、湛江氢能制储运产业集聚区。

3. 环渤海地区

环渤海地区氢能产业的空间布局如表 7-7 所示。

表 7-7　环渤海地区氢能产业空间布局

地区	空间布局
北京市	京北全面布局氢能产业科技创新应用示范区:以昌平"能源谷"建设为核心,向南融合海淀,向北辐射延庆、怀柔,在北部区域打造氢能产业关键技术研发和科技创新示范区。依托三大科学城创新资源,聚合国内外氢能产业核心优势资源,通过产业链科技攻关补齐短板,打造燃料电池关键装备、商用车整车集成及上下游产业核心竞争力,支持国企、央企与科研机构研发合作,促进高精尖科技成果转化应用,全面开展氢能应用示范。 京南打造氢能高端装备制造与应用示范区:依托大兴、房山、北京经济技术开发区,构建氢能全产业链生态系统,在南部区域打造氢能高端装备制造与应用示范区。承接北部地区科技创新成果的产业化,汇聚燃料电池企业、整车企业,推动液氢示范项目建设,开展氢燃料电池车辆、车载液氢供氢系统、氢燃料电池无人机、氢动力船舶、轨道交通、氢储能、热电联供系统、固定电源、分布式电站、便携式电源、汽车增程器等产业全场景应用示范。 统筹规划京津冀区域氢能产业布局:高位谋划、超前布局,推动京津冀地区产业链协同互补、跨区域产业链条贯通与联合示范应用。以联合开展燃料电池汽车关键核心技术产业化攻关和示范应用城市群建设为引领,集聚制、储、运、加、用全产业链,形成优势互补、错位发展、互利共赢的产业发展格局
天津市	明确发展重点,打造产业核心优势:聚焦氢燃料电池及核心零部件产业化,打造产业集群。大力推动整车产业发展,充分依托天津的汽车产业优势资源,加快车型创新步伐,促进研发成果转化。加快培育制、储、运装备产业,拓展延伸产业链条。积极引导培育优势产业链企业,打造氢能示范产业园。引导氢能产业集中布局、集聚发展,以天津港保税区等区域为重点承接载体,推进氢能示范产业园建设,加快形成开放、协同、共享的产业生态系统。 立足资源优势,加快氢能设施建设:强化资源供应保障,打造京津冀重要氢能资源供给基地。加快加氢站建设,先行在滨海新区建设至少 5 座加氢站,在武清区、静海区各建设至少 2 座加氢站,在蓟州区、宝坻区、西青区等其他区域结合实际需求建设至少 1 座加氢站。 开展试点推广,丰富示范应用场景:滨海新区重点在天津港保税区、天津经济技术开发区、天津港区域打造氢能产业链,推动加氢基础设施建设,开展氢燃料电池物流车、叉车、港口机械等示范运营,选择至少 1 条公交线路推广氢燃料电池公交车,累计推广使用氢燃料电池车辆 800 辆以上。武清区选择至少 1 条通勤线路开展示范运营,累计推广使用氢燃料电池物流车、叉车、通勤车 100 辆以上。静海区积极推广使用氢燃料电池物流车、叉车,选择至少 1 条公交线路开展示范运营,累计推广使用氢燃料电池车辆 100 辆以上。支持蓟州区、宝坻区、西青区等其他区积极推广使用氢燃料电池物流车、叉车、环卫车、公交车

表 7-7（续）

地区	空间布局
山东省	构筑两大高地：在济南市依托新旧动能转换先行区，加快推进集氢能科技园、氢能产业园、氢能会展商务区于一体的"中国氢谷"建设，合理布局加氢站，形成科学高效的加氢网络和氢能供应系统，打造氢能产业创新研发、装备制造、商务会展、商业应用基地。在青岛市依托山东能源研究院等科研机构，打造氢能创新研发高地；合理布局氢能装备制造产业，培育氢能轨道车辆及船舶研发制造基地、氢能港口机械及物流应用基地、氢能热电联供及固定式/分布式电源研发应用基地，全力打造"东方氢岛"。 布局两大集群：借助两大氢能高地的引领示范作用，带动鲁氢经济带其他城市的氢能产业快速发展，形成以潍坊市、淄博市为龙头的燃料电池及关键材料产业集群和以聊城市、济宁市为龙头的燃料电池整车及氢能制储装备产业集群。其中，潍坊市重点打造世界领先的燃料电池发动机制造基地，淄博市重点打造燃料电池关键材料及核心部件产业基地，聊城市重点打造燃料电池整车研发制造基地，济宁市重点打造氢能制取储运装备产业基地。支持其他地区因地制宜做好补链强链和特色产业发展，为全省氢能产业发展提供重要支撑
内蒙古自治区	重点打造"一区、六基地、一走廊"的氢能产业布局，确保氢能产业可持续发展，打造全国绿氢生产基地。 一个示范区：以鄂尔多斯市为中心，连同呼和浩特、包头和乌海等城市群，构建鄂呼包乌氢能产业先行示范区。其中，鄂尔多斯聚焦氢能产业综合发展，呼和浩特聚焦氢能研发，包头聚焦氢能重卡制造，乌海聚焦氢能供给。 六个基地：鄂尔多斯打造全国最大的绿氢生产输出基地和全国最大的燃料电池重卡应用基地；呼和浩特打造内蒙古自治区氢能技术研发基地；包头打造内蒙古自治区燃料电池重卡生产基地；乌海打造内蒙古自治区工业副产氢生产基地；乌兰察布、巴彦淖尔、阿拉善共同打造蒙西氢能综合生产基地；通辽、赤峰、锡林郭勒共同打造蒙东氢能综合生产基地。 一条内蒙古氢经济走廊：预计到 2030 年，进一步扩大自治区氢能产业覆盖范围，将兴安盟和呼伦贝尔市纳入其中，扩大氢能在城际货运、城际客运等交通领域的应用；通过基础设施的不断完善，形成加注和储运两大氢能基础设施网络
山西省	结合山西省资源禀赋和产业布局，因地制宜合理推动氢气制备产业。在大同、朔州、忻州、吕梁等风光资源丰富的地区，开展可再生能源制氢和储能示范。在太原、吕梁、阳泉、长治等工业园区（矿区）集聚区域，以不新增碳排放为前提，充分利用工业副产氢，鼓励就近消纳，带动运输、焦化、化工、氯碱等行业转型升级
辽宁省	着力构建"一核、一城、五区"的氢能产业空间发展格局。 一核：大连氢能产业核心区。依托大连现有氢能技术、人才、政策、产业、应用基础，加快推动制氢、储（运）氢、加氢等相关装备产业发展，重点发展燃料电池关键零部件及系统集成，积极推动燃料电池汽车、轨道交通等产业发展，着力打造中国氢能产业创新策源地和高端装备制造基地。 一城：沈抚示范区氢能产业新城。充分发挥沈抚示范区优势，以建设辽宁省清洁能源示范应用的先行区、能源消费结构调整的标杆区、低碳可持续发展的引领区为目标，着力打造融生产、生活、生态于一体的辽宁省氢能产业新城。 五区：鞍山燃料电池关键材料产业集聚区、朝阳燃料电池商用车产业集聚区、阜新燃料电池动力系统及配套产业集聚区、葫芦岛低压合金储氢装备及材料产业集聚区和盘锦氢气储运装备产业集聚区。五区围绕各自现有产业基础，研发生产氢能产业相关产品

4. 川渝鄂地区

川渝鄂地区氢能产业的空间布局如表7-8所示。

表7-8 川渝鄂地区氢能产业的空间布局

地区	空间布局
成渝双城经济圈	围绕成渝地区双城经济圈建设的战略部署，按照省委"一干多支、五区协同"发展要求，以各地自然资源禀赋及现有氢能相关产业为基础，遵循合理配置、重点突出、有序协同、互联互通的原则，形成"一轴、一港、一区、三路"的发展格局。 　　一轴：成都-内江-重庆发展轴。发挥成都氢能产业发展核心作用，充分利用成都高端装备制造中心、创新中心、检测中心、应用中心优势，带动内江、资阳、自贡、乐山等沿线城市氢能应用、燃料电池汽车制造及汽车零配件、氢能轨道交通装备产业发展。同时，抢抓成渝地区双城经济圈建设重大机遇，与重庆深化互补合作，共同打造成渝氢走廊。 　　一港：川南氢港。依托宜宾、泸州沿江港口优势打造氢能港口物流示范，开展氢能港口装备制造。依托内江国际物流港、西南（自贡）国际陆港和自贡国家骨干冷链物流基地优势，开展园区氢能物流车示范，推动氢能基础设施装备制造发展。 　　一区：攀西示范区。充分利用雅安、凉山、阿坝的旅游和矿产资源，开展燃料电池景区车辆、燃料电池房车、燃料电池矿用车等示范应用，探索氢能在备用电源、分布式发电等领域中的应用。 　　三路：依托四川富余水电资源开展电解水制氢，打造攀枝花-凉山-雅安-成都、乐山-眉山-成都、阿坝-绵阳-德阳-成都三条绿色氢路，并沿线布局氢能基础设施和电解水制氢设备生产制造，带动全省水电消纳，提供绿色经济氢源，促进经济发展
湖北省	面向氢能全产业链引进或联合研发制氢、储氢、加氢站、氢能检测和探测等先进技术与设备；全省各地加强新能源汽车充换电、加氢等配套基础设施建设。建设"武汉+宜荆荆黄"氢能制造带，拓展氢能制储运用产业链，促进湖北清洁能源发展。 　　武汉：以青山区、武汉经济技术开发区为重点建设氢能产业和燃料电池汽车产业集群。在青山区布局氢能源产业集群，在武汉经济技术开发区布局燃料电池汽车产业集群，力争通过3年时间将其打造为国内氢能产业创新研发、生产制造、示范应用引领区，为把武汉建设成世界一流的氢能产业基地打下坚实基础。 　　宜昌：依托兴发化工、湖北宜化、和远气体等企业，利用市内工业副产氢优势，发挥煤炭深加工、高端化工、锻压机械、压力容器等产业优势，以煤制氢、化工副产气制氢、电解水制氢为主要技术路线，围绕制氢、储氢、加氢、氢燃料电池，打造零排放、零污染、可持续的全链条氢能产业，建设氢能源研发、生产、供应、示范应用基地。加强与武汉、荆门、荆州、黄冈等地合作，积极参与"武汉+宜荆荆黄"氢能制造带。 　　黄冈：以点带链，以链成面，形成在全国有特色、有影响力、有知名度的氢能应用场景。逐步在武汉"1+8"城市圈、全省汽车及能源产业中展现后发创新突破势头，逐步发展成为省内氢燃料电池汽车产业引领者、国内氢燃料电池汽车产业示范者

第三节　中国氢能产业发展重点任务

我国氢能产业应坚持创新驱动发展战略,突破氢能产业关键核心技术,激发企业创新活力,筑牢供应基础设施,促进产业链和创新链深度融合,推动氢能产业迈向全球价值链中高端。

一、强化关键核心技术攻关

我国氢能产业技术攻关重点任务如下(表7-9)。

表7-9　氢能产业技术攻关的重点任务

技术领域	重点任务
制取与纯化	重点提升PEM电解水制氢和固体氧化物电解水制氢技术水平。同时,研发太阳能光解水制氢、热分解水制氢技术,因地制宜开展绿色制氢方案设计并逐步扩大实施范围;突破工业副产氢提纯和品质检测技术,依托国内如内蒙古自治区等具有产业集群优势的地区,采用变压吸附等先进工艺,提升氢气品质,降低用氢成本
储运	在技术方面,重点突破高压气态储氢、有机液态储氢、固态储氢的核心技术;开展天然气管道掺氢技术、中长距离管道输氢技术的研究与应用。 在设备方面,重点关注开发70 MPa以上高压存储材料与储氢罐设备、研发稀土等储氢新材料和设备;攻克储氢合金、纳米材料等固态储氢设备
燃料电池及关键材料	重点攻克燃料电池核心技术,实现燃料电池寿命与稳定性的提升。一方面,突破燃料电池电堆关键技术,重点支持膜电极、双极板、质子交换膜、催化剂等关键零部件技术研发突破,包括研发双极板批量制造技术、降低催化剂成本;另一方面,加大辅助系统关键零部件技术研发力度,重点突破空压机、氢气循环泵、增湿器等关键零部件技术,包括突破车用燃料电池空压机优化设计、集成与控制技术,提升车用燃料电池氢气再循环泵总体设计与可靠性提升技术
燃料电池整车关键技术	重点突破燃料电池整车氢-电混合动力系统,优化能量管理策略,强化整车安全防护、氢传感器安全检测和在线绝缘监测等,提高燃料电池整车经济性、安全性

二、加强基础设施建设

我国氢能产业应按照"整体规划,分步实施"的原则,坚持以需求为导向,明确责任主体,适度超前规划加氢站等基础设施建设。充分激发市场活力,鼓励各方主体探索并实施油氢、气氢混合建站,鼓励支持现有加油站、加气站增设加氢设施,鼓励探索制取、储运、加注一体化加氢站建设。通过培育加氢站集成技术服务商,开展加氢站集成工艺技术、液氢加氢站技术、高流量快速加注技术等技术示范。创新加氢站建设运营模式,推动制氢、加氢一体化。加快完善加氢站建设标准规范与运营管理办法,规范加氢站审批流程,打造规模适度超前、设施智能高效、政策体系完善的加氢体系。

三、拓展多元应用场景

通过全链条驱动、全方位布局、全场景应用,我国氢能产业着力打造一批研发能力强、制造水平高、产品质量优的"高、精、尖"龙头企业(表7-10)。这些企业应加快产业布局步伐,按照重点任务的要求,加大对氢能产业链核心原材料及关键零部件等短板环节的投入力度,着力氢能源核心产品的配套,强化主业与氢能板块的协同效应。同时,我国氢能产业应加大招商引资力度,通过落实重点任务,促进交通、能源、化工等行业的高效协同发展(表7-11),促进产业链由燃料电池汽车单点突破向多元应用场景的系统提升。

表7-10 国内大型电力与能源企业氢能布局重点[3]

企业	重点任务	重点布局与项目
国家能源集团	煤制氢、可再生能源制氢、建设加氢站、氢燃料电池研制	煤化工制氢年产量超过400万t;站内制氢加氢站、外供氢加氢站共6座;国家能源局《氢能产业发展专题研究》课题;"大规模风/光互补制氢关键技术研究及示范"项目;燃料电池汽车用氢品质检测技术;副产氢纯化技术;35 MPa/70 MPa加氢站整体技术方案、工艺控制系统、安全系统、加氢机
国家电力投资集团有限公司	可再生能源制氢、天然气掺氢、投资建设加氢站、氢燃料电池研制	燃料电池全产业链完全自主化;延庆小型多能互补零排供能试验系统示范项目;撬装式PEM电解水制氢系统Silyzer200;100 kW功率金属双极板燃料电池电堆;白城市风能制氢一体化项目;2022北京冬奥会绿色制氢科创项目;氢气电解制备-氢气液化项目;朝阳可再生能源掺氢示范项目;40 MW分散式风电项目;计划投资建设株洲制氢、储氢、加氢、加油、充电"五位一体"合建站
国家电网有限公司	氢储能	可再生能源制氢技术及相关控制技术;氢安全分析技术体系;基于电网过剩电能还原二氧化碳制碳氢化合物技术应用前期研究;1 MW分布式氢能综合利用站电网调峰示范项目
中国石油化工集团有限公司	传统化石能源制氢、加氢站组网建设、液气油氢混合站建设	佛山樟坑油氢合建站、上海油氢混合站、推广氢燃料电池汽车、浙江嘉兴嘉善善通加油加氢站等;新疆库车太阳能发电制氢和内蒙古太阳能发电加风电制氢项目
中国石油天然气集团有限公司	传统化石能源制氢、加氢站组网建设、液气油氢混合站建设、加氢站的示范运营及日常管理等	加氢站建设和运营

表 7-10（续）

企业	重点任务	重点布局与项目
中国长江三峡集团有限公司	制氢、储氢和加氢装备制造	中国长江三峡集团有限公司科学技术研究院与乌兰察布市推进氢能示范基地项目建设
深圳市雄韬电源科技股份有限公司	制氢、膜电极、氢燃料电池电堆及系统、整车运营	致力于提供阀控密封铅酸蓄电池、锂离子电池、氢燃料电池等产品解决方案,拥有 6 家生产基地,铅酸年产能达 600 万 kW·h,锂电池产能达 11 亿 W·h,氢燃料发动机年产能 2.5 万套
山西美锦能源股份有限公司	以氢燃料电池汽车为主的新能源汽车的生产销售	焦化主业与氢能板块构成强协同效应;根据公司"产业链＋区域＋综合能源站网络"的总体布局,目前已形成"膜电极 MEA-氢燃料电池电堆-氢燃料电池动力系统总成-整车制造＋加氢站"较为完整的产业链,在山西晋中、山东青岛、浙江嘉兴积极落地氢能产业园,覆盖国内主要经济区域
骆驼集团股份有限公司	先进氢燃料电池研发、生产、销售、回收	氢燃料电池系统集成、氢燃料电池控制模块开发;与武汉理工大学共同完成省科技厅增程式燃料电池系统重点专项研发任务

表 7-11　各个行业氢能产业发展的重点任务

行业	重点任务
交通	不断扩大氢燃料电池在交通领域的辐射范围,打造陆、海、空全覆盖的氢能供应链。推广氢燃料电池在交通领域的应用,充分发挥其加注时间短、续航里程长的优势,以氢燃料电池重卡和公交车为切入点,逐步拓展到氢燃料电池物流车、环卫车、无人机等应用市场;支持开发全系列车型环卫车;支持研发氢燃料电池无人机。着力提高氢燃料电池整车及动力系统研发能力,推动氢燃料电池车的规模化应用。结合船舶运输领域,发展以氢燃料电池为动力的海洋及内河运输船舶和渔船,在沿海地区实现试点示范运营
能源	进一步发掘氢燃料电池应用潜能,针对电力供应、储能调峰、通信基站等需求,拓展氢能在燃料电池发电装备领域的应用。燃料电池发电系统作为氢能在电力储能领域的重要应用,有助于降低接入电网时的压力,同时对于离网区域供电、冷热电联供等具有天然优势。加大氢能在能源领域的推广应用,重点是发展中型以上规模的氢能储能系统和氢能调峰电站,以及备用应急发电、分布式发电等技术及设备;重点支持氢燃料电池发电在应急保供、电网调峰等方面的应用示范,鼓励建设氢电一体化调峰站;支持研发突破氢燃料电池冷热联供关键技术
化工	利用氢能助力国内工业降低碳排放量,重点探索低成本的清洁能源制氢在钢铁、冶金、炼化等化工行业的应用,以氢作为还原剂替代焦炭开展冶金技术研发应用示范,促进钢铁行业结构优化和清洁能源替代,实现二氧化碳超低排放和绿色制造。引导化工企业研发氢能冶金技术,改进传统冶金工艺,转变用能方式,调整原料结构。推动煤化工产业绿色低碳转型,开展规模化绿氢化工应用探索;鼓励石化化工原料轻质化,扩大化工领域氢能替代化石能源的应用规模,促进高耗能行业绿色低碳发展

四、搭建创新发展平台

我国要依托国内复旦大学、上海交通大学、同济大学、浙江大学、山东大学、中国地质大学(武汉)、中国石油大学(华东)、浙江清华长三角研究院、山东能源研究院、中国科学院广州能源研究所等一系列高校及科研院所在基础研究方面的优势,按照国际先进技术标准和产业发展需求,围绕氢能产业前瞻技术开展研究布局。重点建设一批氢能技术创新平台,开展核心技术攻关,构建高效协作创新网络,为未来氢能产业发展奠定基础。同时,推动高校、科研院所、企业建设前沿交叉研究平台,促进行业资源的整合创新。聚焦氢能重点领域和关键环节,构建多层次、多元化创新平台。

相关政府部门要建设碳交易中心氢能产业板块交易平台,建立较为完善的清洁氢认证、碳排放核算方法体系、碳交易机制等创新制度体系,搭建能源互联网交易平台,服务绿色氢能产业发展。建立引领氢能产业高端跨越的智库平台,共同构建起全区氢能供需匹配、技术互相支撑、产品供应齐全的全产业链协作体系。建设有国际影响力的氢能国际交流平台,依托全球能源转型高层论坛等国际大型会议,吸收引进国际水平的研发团队,全面开展国际交流合作。

五、完善检测体系与产业标准

地方政府和相关机构要强化检测认证服务体系以及测试装备供应体系构建。围绕氢能产业链中氢的制取、储存、运输、加注、终端利用等关键环节,重点关注质量和安全,展开针对基础设施的质量与性能检测,推动建设燃料电池材料、电堆、系统和动力系统、整车及其关键零部件成套测试平台。

政府应鼓励企业与国内外一流技术标准机构深度合作,积极参与全方位覆盖氢能产业链的标准体系研制;鼓励有条件的社会团体制定发布相关标准并予以奖励支持;争取形成标准,推动技术转化、技术提升,进一步完善标准体系的良好闭环,驱动氢能产业高质量发展。

六、加强开放协同合作

1. 强化区域协同合作

我国应依托长三角、珠三角、环渤海、川渝鄂经济圈在地理位置和产业基础上的优势,实现产业互联互通,打造氢能走廊。长三角以上海为龙头,联通苏州、南通、宁波、嘉兴、张家港等周边城市,立足长三角氢能产业基础,打造氢输运高速示范线路,以技术合作、产业基金等多种途径开展基础材料、核心技术和关键部件的联合技术攻关,提升长三角区域氢源保障能力,拓展应用领域。珠三角形成广州-深圳-佛山-环大湾区核心区燃料电池产业集群,建立广州、佛山、东莞、云浮氢能高端装备产业集聚区和惠州、茂名、东莞、湛江氢能制储运产业集聚区。川渝地区着力抢抓氢能建设的战略机遇,打造成渝氢走廊,合理布局、重点突出、有序协同。环渤海经济圈则依据各地区氢能产业基础和自然资源,重点推进各省、市之间氢能贸易,实现产业链上下游协同,创新合作模式,合力推动氢能产业快速发展。各区域协同合作,在技术开发、企业合作、平台共享及人才培养等方面形成良性互动,共同推动氢能源产业发展和氢能城市建设。

2. 推进央地协同合作

各地政府要充分发挥中央专项财政资金的支持作用,大力支持清洁能源制氢、加氢站建设、燃料电池重卡等产业项目。鼓励开展氢能产业招商引资,并着重在产业链关键环节加大招商力度。加强国企在各省市产业发展中的引领作用,支持以省、市为单位研发氢能产业重点项目,进一步完善氢能产业链,鼓励挖掘产业链的其他潜在发展领域,培育新增长点,实现央地合作共赢。

3. 开放国际交流合作

我国应坚持开放共享的原则,围绕氢能产业链强链补链,推进与氢能技术领先的国家和地区开展项目合作,支持国内龙头企业与国际知名企业、研发机构、行业组织开展国际联合研发,推动氢能关键技术发展和产业应用;鼓励国内有条件的地区建设中外氢能产业园区,支持地方发展合作示范区配套设施建设;积极推进国内企业在海外设立研发机构,开展合资合作与技术、人才引进。借助国际能源会议和论坛等形式,搭建氢能国际交流合作平台,在促进先进技术对接的同时,提升我国氢能产业的国际影响力和知名度。

本章主要参考文献

[1] 潘光胜,顾伟,张会岩,等.面向高比例可再生能源消纳的电氢能源系统[J].电力系统自动化,2020,44(23):1-10.
[2] 李加加.中国"绿氢之都"如何打造?[J].产城,2022(2):28-31.
[3] 王振华,薛方明.能源企业如何布局氢能产业链?[J].能源,2021(7):23-27.

第八章 新时代我国氢能产业发展支撑体系建设对策及建议

在全球碳达峰、碳中和及能源转型背景下,中国氢能产业发展具有自身的制度优势、科技优势、人力资源优势、市场优势和基础设施优势,这些优势为我国氢能产业发展提供了良好的驱动力。但是我们也要清醒地认识到,与发达国家相比,中国氢能产业发展依然处于初步阶段,面临着国际政治关系不友好等诸多挑战。因此,我们要认真贯彻、深刻领会习近平总书记"四个革命、一个合作"(推动能源消费革命、能源供给革命、能源技术革命、能源体制革命,全方位加强能源国际合作)重要讲话精神,将能源安全新战略落到实处,做到科学顶层设计和有序落实见效相结合[1]。同时,借鉴、引进、吸收主要发达国家和经济体氢能产业成熟经验做法,围绕氢能制、储、运、用各关键环节以及公共服务等,在政策与制度、科技与人才创新、环境保护以及相关产业及配套等方面构筑支撑体系,在保障氢能安全的基础上引导中国氢能产业健康有序良性发展,抢占氢能产业发展的制高点。

第一节 政策与制度支撑

氢能产业发展是一项涉及面广、综合性强的系统工程[2]。为完成氢能领域重要任务,政策制度的行业支撑是非常重要的。须寻求氢能政策高地,尽快建立健全氢能源管理体系与政策体系,加强氢能全产业链条监督。根据国家氢能产业规划,须完善出台氢能产业多样化应用、氢能标准化管理、核心技术和设备创新、氢能基础设施建设和运营管理、国家标准体系建设试点的相关政策,并有效发挥政策导向作用,建立氢能产业发展"1+N"政策体系,完善氢能产业的各方面制度,形成强力支撑。

一、完善氢能产业宏观发展规划

能源科技革命是新一轮科技革命和产业变革的重要驱动力。氢能是国际争夺的"未来重要能源"之一,是实现各类能源转换的桥梁。规划先导产业、刺激传统产业积极创新、推动国家经济高质量发展、赋能能源经济发展,在提升国际竞争能力的同时,也是提供就业岗位、维持社会稳定的举措。为加速氢能产业化转型,必须尽快构建"1+N"政策体系,完善产业发展大方向的规划,明确各阶段发展目标,追随发达国家的氢能发展脚步。

国际上,大部分发达国家基于《巴黎协定》制定了氢能发展战略,但是不同国家发展氢能的出发点和侧重点因国情而异。欧盟在2020年发布《欧盟氢能战略》,制定了各阶段氢能产业发展目标,指出了产业发展方向。日本、韩国为摆脱对传统能源的依赖,2017年分别发布了《氢能基本战略》和《韩国氢能经济路线图》,明确了能源转型战略意图。同年,《澳大利亚氢能战略》《加拿大氢能战略》发布,旨在解决能源需求,降低能源成本,推动了澳大利亚、加拿大两国氢能产业的正向发展。

在可再生能源制氢将成为未来主流制氢方式的背景之下,我国作为后发国家,在制定氢能战略时能够广泛参考和借鉴已有的国际经验。为使电解制氢产业规范化,我国仍需结合自身国情,合理布局氢能相关产业的发展,战略先行,因地制宜打造特色氢能优势,不断完善战略规划,在交通、储能及工业等领域,根据不同的发展情况,出台相应政策引导扶持,优化产业布局结构,并根据不同发展时期,合理调整政策方向。

要统筹全产业链规划,根据各地产业基础与资源禀赋打造一批产业示范点(京津冀、长三角、粤港澳等),并以此为基础扩大示范范围,以点带面,突出氢能产业发展规划和各类法规制度对氢能产业的指导和强推作用,优化财政支撑体系,逐步推进试点示范,从中汲取经验,稳步扩大试点城市圈范围,推动全国氢能产业的有序、协调发展。

二、制定地方氢能产业政策体系

坚持"政府引导、市场主推",顶层设计与地方发力相结合,全国统一布局,各地协同发展。针对碳减排的要求,应立足国内,以国家氢能发展中长期规划为指导,围绕氢能产业发展中的关键环节和重大问题,合理布局全国氢能产业,稳步建设制氢设施及储运系统,加快建设高效稳定的氢能供应网络,根据各地具体情况推进氢能基础设施建设。

1. 地方政府进一步确定氢能产业发展规划

目前依据国家层面的号召,部分城市出台了地方氢能产业战略规划,13个地区政府工作报告中涉及氢能产业。各地因地制宜,结合自身区域特点,指出了地区氢能产业发展的大体方向。但地方政府部门的氢能战略布局规划仍处于初步开展阶段,需要进一步确定氢能在地方的发展战略方向,制定产业发展目标并出台适宜的氢能产业发展规划,加快形成氢能设施参与电碳市场的激励机制[3]。要健全地方氢能产业发展联合机制,加强经验沟通与技术交流,共同探索形成区域互补、互惠互利的氢能发展格局,严防同质化建设和资源浪费。

2. 鼓励各地结合自身优势形成制氢产业结构

在成本约束下,国内短期主流制氢方式是化石能源制氢和化工工业副产氢。在"双碳"目标背景下,随着电解水技术与新能源发电技术的成熟,未来氢源的供应将转向"绿电"制氢,绿氢制备成本将持续降低。因此,在氢能产业发展初期,提倡采用"化石能源＋CCUS"获得蓝氢的制氢模式,鼓励各地区在兼顾环境影响、资源优势的前提下制备氢能,扩大氢能产业供给能力。根据各自的资源禀赋、经济实力和技术水平推动氢能应用,加强各地氢能的供需匹配,避免"缺氢"瓶颈。可再生能源资源丰富的地区可以开展制氢示范,结合需求与终端应用,避免"弃氢"现象。区域协同是氢能产业有序发展的重要保障,在城市间要探索建立氢能发展战略的联动机制,加强政策层面和与重大项目建设的协调。在焦化、氯碱、丙烷脱氢等行业集聚地区,优先利用工业副产氢;在风、光、水电资源丰富地区开展可再生能源制氢示范,降低工业副产氢供给成本[3]。目前,各地区的产业规划和具体项目已经呈现出一定的地方特色,如包头市强调发展多能互补,鄂尔多斯强调发展绿氢化工等,各地应根据区域资源禀赋情况以及产业发展均衡情况确定氢能发展特色,使我国成为多元化氢能发展国家,增强我国在氢能源方面的国际竞争力。

3. 加快推出可再生能源制氢的优惠电价

具备能源优势的地区应加快推出可再生能源制氢的优惠电价。目前,绿氢燃料的成本依旧较高,这将较大地限制氢能应用领域产业。而当电价为 0.26 元/(kW·h)时,可再生能源制氢的成本与氯碱化工副产氢大体持平。因此,鼓励地方相关企业利用可再生能源生产氢气,将促进氢能产业的良好发展。目前,广东省和四川省已经制定了可再生能源电价优惠政策,起到了很好的示范效应。

三、强化财政金融协同支持服务

1. 协同财政金融支持

首先,制定或完善正式规则。通过完善法律、财政补贴、税收优惠、金融激励等手段扶持氢能企业,支持其科技创新。具体而言,有以下三点。

第一,在财政政策方面,根据氢能产业发展需求与特点,重点支持可再生能源制氢、加氢站建设、氢燃料电池重卡生产等产业项目。依靠中央专项财政资金的支持,把科技创新类投入资金倾斜到氢能产业,利用天使投资的支持,以氢能发展为中心对其相关措施进行投资。要积极发挥财政专项资金、补贴税收优惠等财政政策的作用,为氢能企业创新建设注入动能。

第二,在税收政策方面,要完善包含高新技术企业优惠税率、研发费用税前加计扣除等方面的优惠政策。推行绿色能源企业的宽松税收政策并试行降低绿色能源项目所得税,利用设备投资抵免企业所得税政策对绿色能源设备投资提供税费抵扣等。适当调整税费收取标准,构建多元化税收倾斜政策体系,降低氢能产业发展成本,强化产业发展激励机制。

第三,在货币政策方面,鼓励银行及各金融机构按照风险控制和业务可持续性的原则,利用相应金融工具为优质氢能公司提供精准、差异化的金融服务。要加大对氢能核心技术研发企业的科技金融支持,推动更多符合条件的氢能产业相关企业在科创板、创业板上市。鼓励引导社会资本积极参与氢能产业发展的各个环节,促进科技成果转移转化。对于个体客户来说,需要积极推进氢能燃料汽车、绿氢相关产品消费贷款等服务。

其次,完善非正式规则。例如,加大宣传力度,讲好"氢故事",培养具有社会责任感的氢能企业,营造更优质的市场环境。

2. 构建金融机构合作机制

须加快推出全面实施环保信用评价的指导意见,制定企业绿色效率评估标准,并做好信息公开工作。推动国家相关部门与金融机构的合作机制,定期进行报告并交流相关信息,致力于解决在推进氢能产业发展中的关键问题。要将企业环境信用评估结果导入金融信息数据库,解决信息不对称等问题。同时,持续加大对氢能项目的信贷支持力度及加强银行业合作平台建设,尽快实现金融产品及服务的现代化,促进金融机构运用绿色债券、金融租赁、银团贷款等方式,为加氢站、输氢管道的建设提供资金支持。须尽快搭建绿色能源大数据服务系统,支持新型创新氢能公司,充分利用新型金融工具孵化新型氢能企业,支持初创氢能企业发展,积极推进企业集群包装,利用绿色债券融资等绿色金融手段为氢能产业发展赋能。

3. 鼓励设立氢能产业发展基金

设立以社会资本投入为主、财政引导为辅,市场化运作的氢能产业发展基金,重点支持氢能产业的创新发展以及实际应用项目。例如,山西省为贯彻《长治市氢能与燃料电池汽车产业发展行动计划(2020年—2030年)》,由政府引导发起了第一支规模达1亿元的氢能产业基金,用于氢气的制取、提纯、储运等,构筑了山西省氢能全局产业链。再如,在地方政府的引导鼓励下,东方电气投资管理有限公司与成都创新风险投资有限公司、三峡资本控股有限责任公司达成合作,在北京市共同成立东方江峡产业投资私募基金管理(成都)有限公司,并开设了东方电气氢能产业基金。

4. 健全风险补偿担保机制

要与保险公司积极合作,吸引保险资金投入氢能相关项目。丰富绿色能源保险的险种类型，完善各项能源险种。鼓励推进氢能产业发展的保险机制，重点完善高风险地区环境污染责任保险和职业安全责任保险，重点完善贷款担保基金、知识产权等风险补偿方案，设计并建立国家首个设备实施保障机制。

四、健全考核与监督制度

1. 健全相关政府部门考核机制

基于《党政领导干部考核工作条例》，科学合理地建立相关部门和员工的评价指标体系，完善实施机制，有效开展监督与评价工作，确保氢能行业正确发展和总体战略任务的实施，明确职能部门的相应责任，并增加氢能绩效指标的权重。

2. 健全氢能相关企业的考核机制

建立氢能产业多元化考核机制，对于考核表现出色的氢能相关企业，给予一定的税收优惠、社会荣誉等奖励。对表现较差的企业，给予警示与引导，依法追究违规企业的相关责任，并公示批评。

3. 健全氢能园区的考核机制

根据氢能园区发展策略，通过利税总额、园区产值、吸引投资、创新创业和产业集聚等方面确定明确的考核机制，并对职能部门和人员进行定期的评估，对表现良好者给予奖励，并对表现较差的人员重新培训，使行业标准规范化。

4. 加强市场价格监督

指导氢能产业相关企业建立完善的价格信用体系，提高市场竞争力。改善价格环境，切实抓好加氢站的明码标价工作，让消费者放心消费[4]。

第二节　科技创新与人才队伍支撑

我国氢能产业发展处于初步阶段，相较于发达国家，在科技创新方面支撑较弱，因此须针对自身短板，密切跟踪国内外制氢、储氢及用氢技术发展动态，依据政、产、学、研、用融合创新深化改革，加大相关科研力度，寻求重要技术问题突破和颠覆性技术创新，加快氢能产业链的标准体系建设，构建氢能产业多层次、多元化创新平台，形成更加协同高效的氢能产业创新体系，设计更加高效的氢能储运路径，提高产业运营效率，并且充分利用国际创新资源，加速我国氢能产业发展。

一、科技创新支撑

1. 构建氢能产业多层次创新平台

要充分发挥政府在配置创新资源中的作用,聚焦于氢能产业积累中的创新要素,促进政府注重产学研与实际应用的深度融合,对氢能相关重要技术进行联合研究,并将成果应用于各相关领域以满足市场需求。以氢能产业链的技术薄弱环节为重点,充分发挥新型举国体制优势,明确业务创新的关键地位,深度推进政产学研模式,通过产业发展联盟、国家级创新平台等机制,以产业链龙头企业为主体,与上下游企业和研究机构合作,建立覆盖整个氢能生产和储存产业链的协同平台,合理布局多层次创新平台,如氢能产业创新中心、工程中心、商业技术中心和设备生产中心,吸引更多新兴企业参与氢能产业的创新发展,不断更新氢能基础技术,开发和测试设备以及材料和组件,开展氢能技术攻关,保证氢能产业技术积淀,加快实现技术国产化进程。

2. 加强氢能产业的基础理论研究

基础研究是氢能产业可持续发展的动力源泉,以氢能技术为代表的现代能源科技也成为未来能源变革的技术创新主要方向。针对国内基础研究较为薄弱、独到创新成果不多的短板,要加强基础研究,以技术研发为核心,避免出现新的"卡脖子"问题,全面提升基础研究、前沿技术和原始创新能力,加强与氢安全技术相关的泄漏、燃爆基础理论等机理性研究。

3. 设立多条不同的技术路径

在重点科技创新项目方面,应探寻基础研究、应用技术开发、创新产品示范等路径,加快氢能产业关键技术和核心技术攻关。针对规模化可再生能源制氢技术及氢能炼钢、氢储能、绿氢化工等场景的相关关键技术问题,要同时设立多条不同的技术路径,展开集中攻关[5]。要构建以国内产业链为主导,国内、国际产业链相辅相成、互相促进的新发展格局,研判自身国际定位与角色,结合运输距离和具体运输条件,设计出符合国际市场的氢能产业储运方式,设计高效氢能储运路径;提高长管拖车高压气态储运效率,加快降低中短距离运输成本;加快突破天然气掺氢技术,利用好一、二、三期"西气东输"管道,实现氢气长距离、大规模运输,将西部地区富余的新能源制氢后输送至东部地区。我国须持续加强储氢技术、储运装备等方面的基础研究,为提升氢能产业效率提供技术支撑。目前较为成熟的氢气储存运输方式是压缩储氢、液化储氢两种方式。我国35 MPa及以下储氢罐设计制造技术已成熟,但国际主流方向是70 MPa和90 MPa的碳纤维防渗膜混合材料储氢罐,我国应在技术标准、政策支持上与国际主流看齐。另外,对于更高效的固态多孔吸附储氢、化学储氢技术,以及储氢输运过程中的使用、维护、安全检查等相关配套技术的研发,也应给予一定的先导政策支持。目前,氢气运输和储存成本相对较高,导致很多加氢站赢利困难。以我国北部地区为例,风、光可再生资源非常丰富,制氢成本相对较低,但较高的运输成本明显限制了氢能发展。因此,设计高效的氢能储运路径能够使氢能将获得更大发展。

4. 加快氢能关键核心技术攻关

持续推动技术创新是我国氢能产业发展最重要的保障。目前,我国氢能产业在关键核心技术方面仍有完善空间。我国氢能需坚持创新驱动发展,从关键材料到应用各环节的工程验证,通过"揭榜挂帅""赛马"等方式,开发多元化研发路线,集中突破氢能产业技术瓶颈,解决实际应用的关键技术难题,建立健全产业技术装备体系,增强产业链供应链稳定性和竞争力。要加快储氢、输氢相关关键技术材料工艺创新,破解储运方式对氢能发展的制约。在支持燃料电池关键技术自主创新的同时,应开展氢能全产业链关键核心技术和装备重大工程,加快制、储、输、用全产业链的关键核心技术、材料研发及装备制造国产化。为防止将国内市场变为国际技术迭代场,要处理好技术自主可控与终端市场推广节奏,在关键核心技术取得突破前不宜过快追求终端市场应用的拓展。鼓励各地结合氢能产业主要环节和关键技术,开展小范围技术和产业示范,等待成熟后再扩大推广应用范围。加快推进关键技术装备和产品的检验检测体系,建立完备的氢能相关产业检验认证和监督体系,优化关键产品和环节的检测流程。

5. 大力发展氢能的制取、储存和应用技术

氢能的制取、储存和应用技术是影响人类生存环境的关键因素,尤其氢储能发电技术是实现氢能与电能充分结合和优势互补的重要途径。对我国来说,大规模低成本低碳化制氢技术路线尚不明确,碱性电解水制氢成本相对较低,技术较为成熟,但对于风光电力的间歇性和波动性适应性较弱;PEM电解水制氢则成本高、关键技术和核心部件仍存在短板;阴离子交换膜电解水制氢、光解水制氢、热化学循环水解制氢技术还处于基础研发或试点示范阶段[6]。要发展氢气提纯技术,提高工业副产氢利用率,提升副产氢经济性[7]。制氢应在全生命周期内做到低能耗、低污染和低碳,加大使用清洁能源绿色途径制氢,实现氢能产业的可持续发展。

作为储能介质的氢气,在未来的能源结构中将发挥不可替代的作用。储氢技术是氢气生产与使用之间的桥梁,针对我国东南沿海城市对氢气需求较大造成的供需不匹配的问题,亟须突破储运技术,特别是规模化储氢技术。要借鉴国内外先进经验,大力发展氢气储能及发电技术,充分将氢能和电能高效、合理地结合,有必要发展运输效率高的液态槽车运输技术,积极研究管道输氢技术,实现氢储能的低成本和大型化[8],扩大市场份额,从而发挥氢气可以作为储能介质的优势,克服可再生能源间歇性弊端,促使氢经济早日到来。

6. 充分利用国际技术创新资源

中国氢能产业的发展和技术创新应立足于国内市场,同时依据对外开放政策,充分利用国际技术创新资源,积极参与国际氢能技术及产业创新的合作,以产业链完整性与庞大的市场优势换取发达国家的技术优势,加强与氢能产业强国的技术交流,融入双边和多边合作协议及倡议,如联合国工业发展组织的全球氢能伙伴关系和清洁能源部的氢能倡议、氢能创新使命等。

同时,中国要大力推进能源技术革命。能源技术革命是加强能源领域国际合作的重中之重。通过与国际氢能协会加强交流,积极投身于国际学术交流和论坛活动及氢能发展创新和产业应用的联合研发,有效整合全球氢能产业链和创新链。积极与氢能发展先进国合作,共同开拓第三方国际市场。积极开展"一带一路"国家在氢能行业的技术创新、行业应用、节能环保等方面的合作,推动基于氢能技术的可再生能源先进技术研发、产业化以及相关基础设施投资,共同建设氢能绿色生态系统。

二、人才队伍支撑

随着国家政策向氢能倾斜,全国各地竞相布局氢能产业,氢能领域也面临着人才紧缺的问题。国家发展改革委、能源局联合印发的《氢能产业发展中长期规划(2021—2035年)》指出,要加快培育氢能技术及装备专业人才队伍,夯实氢能产业发展的创新基础,建立健全人才培养培训机制,加快推进氢能相关学科专业建设,壮大氢能创新研发人才群体[3]。目前,国内氢能产业人才的需求持续扩张,氢能专业人才整体处于紧缺状态。目前,氢燃料电池行业处于从起步阶段到更规范、更标准的商业化推广阶段的变革之中,行业的发展需要更多技术资源的涌入。应加大投资力度,为氢能产业引入更多的优质人才。

1. 加大人才引进力度

氢能企业须加强与氢能产业领域国内外知名院校及科研机构合作,建立与国际接轨的人才管理机制,政府则应加大人才引进方面的宣传,吸引氢能领域的全球领先人才和技术团队。重点引进具备氢能关键技术研究团队、国内外知名研究机构研究骨干、高级工程技术人员和知名公司管理人员。可以通过科技论坛(如世界青年科学家峰会)等形式,吸引海外人才交流,促进人才、平台、政策、要素集聚和体制机制创新改革;打造创新人才富集地,推动重点实验室及高研院校的科技基础设施建设;联合国际科创中心等新型研发机构资源整合,充分发挥其作用,为海外人才提供施展才华的舞台,达到双向共赢的效果。

2. 丰富人才培养形式

相关教育部门应促进氢能相关学科专业多样化建设,不断充实氢能产业的人才储备。鼓励各个教学机构开设相关课程,并通过引进企业的专业人才到高校进行经验分享,或是担任任课教师的形式,促进高校、科研院所和区域内能源企业合作;鼓励企业通过学徒制的实践教学精准培养行业精英;鼓励国内外高校、科研机构设立氢能研发机构,培育高层次、复合型、各类技能型人才,为产业发展奠定人才基础。同时还须增加高校氢能产业相关实践课程,使相关人员切身体验实际操作过程,提高人力资源质量。

3. 提供人才支撑服务

政府应尽快出台支持人才发展的政策,引导氢能公司和各相关机构重视人才发展;建设氢能产业人才数据库与智能服务平台,为氢能领域人才提供决策咨询、联合技术研究、技术转化等合作与服务。

第三节　环境保护与产业配套支撑

一、环境保护支撑

应对气候变化是全球人民共同面对的问题。氢能是最环保的能源形式,在应对气候变化、保护环境方面将发挥重要作用。党的二十大报告中将人与自然和谐共生的现代化列为中国式现代化的五个方面的中国特色之一,就"推动绿色发展,促进人与自然和谐共生"作出了重要战略部署。为响应国家发展战略布局,贯彻绿色发展理念,必须加强生态环境保护机制的创新,为氢能产业发展提供重要支撑,同时追求经济效益与环境效益,在氢能产业链的构建过程中促进技术链的逐步完善,提高我国绿色创新效率水平。

1. 明确氢能产业发展目标和布局

持续推进产业结构调整,使氢能产业在推动我国经济社会转型升级以及保护生态环境方面发挥协同作用,这是氢能产业能够行稳致远的根本要求[5]。政府应对地方生态环境保护功能做好明确划分,使各区域功能明确、发展方向明确、限制明确。对于各开发区域,制定好开发目标,划分优化开发区、重点开发区、适度开发区、限制开发区以及禁止开发区,依据可持续发展理念,科学规划生态开发,避免过度开发带来的环境问题。建议在资源相对富集的地区重点布局发展化石能源重整制氢、工业副产气制氢产业,实现生态效益和经济效益双赢[9]。

2. 构建氢能产业与生态环境保护协调发展机制

政府应尽快完善氢能产业绿色发展机制,建立健全促进氢能产业绿色发展的各项政策和技术标准,鼓励建立循环绿色发展研究机构,引进国内外绿色经济发展先进项目和先进技术,建立绿色能源开发示范企业及园区,构建绿色能源产业链,探索氢能产业在重点领域的推进方式,积极推广清洁能源机制和合同能源管理等新的节能机制。建立以绿氢为特色和媒介的能源供给与消费体系,为实现中国能源体系深度脱碳化提供坚强保障[5]。

3. 鼓励能源经济与环境容量有偿使用制度改革

稳步推进能源使用的经济成本改革,推进落实能源使用有偿制、生态环境补偿机制以及排污权交易制是目前氢能产业的重要任务。通过将能源、生态问题市场化,加快建立健全能够充分反映市场供求和能源稀缺程度、体现生态价值和环境损害成本的能源价格形成机制,充分发挥价格的杠杆功能,引导企业减少对生态环境的破坏和对能源的浪费,加速绿色化改革进程。要进一步完善有利于绿色发展的价格政策,促进企业的能源利用向可再生能源倾斜,引导氢能产业发展和变革,推动产业良性运作。

4. 构建氢能产业发展环境约束体系

相关部门应明确氢能产业相关企业的各方面运营标准。需完善企业在节能、环保、安全等多方面指标标准,鼓励初创企业向产业内具有先进水平,在经济、绿色效益等方面具有良好表现的企业学习,如以合作培训、开展交流会等方式,加快企业针对性地制定工作方案及企业目标,建立产能落后产业淘汰机制,将市场中能源效率差的企业淘汰,并继续开展针对节能的专项治理工作。在运营标准的监督方面,构建相应的节能减排评估与审查机制,建立新建项目准入制、环境保护评价制等,严格审查新建项目的能源效率情况。

5. 重视氢燃料电池汽车的环境效益分析

氢燃料电池是近年来一项十分热门的新型环保能源产品。使用氢燃料电池可以大大降低二氧化碳、臭氧和颗粒物等污染物的排放量,有助于改善环境质量,并将给更多产业带来发展机会[10]。氢燃料电池车是目前已知最为绿色环保的车辆。当前,对于燃料汽车的环境影响,学者们从与其他车型对比的角度,揭示了燃料汽车的采用与否和排放量之间的区别,指出氢燃料汽车与光伏、风能发电等新能源发电技术共同发展,在未来有望实现真正的高能效、零排放。但并网风能,太阳能的比例需超过20%,才可实现节能减排效益[11]。因此,为了降低道路车辆的温室气体排放量,未来在氢燃料电池汽车领域亟待深入开展的工作是将燃料电池汽车的环境分析与经济分析相结合,综合计算经济效益和环境效益,从而评估不同车型的总效益,以挖掘出氢燃料电池汽车相较于其他车型的减排潜力,获得燃料电池汽车市场可行性的现实指示[12]。

6. 鼓励利用沿海城市开发配套海上风电资源

鼓励利用沿海城市清洁能源优势,大力推动深、远海海上风电产业园项目,规模化开发配套海上风电资源,包括风电大功率机组、海底电缆、风机叶片、海水制氢等产业项目,着力开展化工园区用氢替代,降低碳排放量[13]。

二、产业及配套支撑

（一）完善氢能产业配套服务

政府应积极健全氢能产业检测认证、标准规范及安全制度建设等体系，为氢能发展进步与实际商业应用提供支撑。

1. 加快氢能全产业链的标准体系建设

相关部门围绕氢能全产业链中的各关键环节，开展标准化体系建设，明确各环节应达到的具体标准，并积极引导企业完成各项任务。推动中国氢能产品与服务达到国际级别，需要各研发机构以及创新平台协力合作，共同创造技术财富。引导行业开展高质量技术创新和标准制定，建立健全计量检测标准和产业链关键技术装备。开发高效氢气燃料测试和测量方法，加快建立国家氢燃料质量测试中心。就氢燃料补给设施而言，应尽快将氢燃料补给站纳入城市规划的指导方针。在中国氢能大数据平台基础上建立氢能监管机制，实时监测区域氢能行业发展情况、企业运行情况，推动氢能行业基础性监督工作的标准化。

在"统筹分化、协调配置"的原则下，建立氢能产业检测服务体系，建设氢能产业关键材料、关键设备寿命、关键系统检测平台，建立健全评价体系，量化相关测试，从而提高企业在氢能领域的技术水平[14]。

2. 建设国家级氢能质量检测认证中心

为提高全国氢能技术测试评价与研发能力，须大力推进氢能国家级检测平台的建设，围绕中国汽研安全、绿色、体验这三条技术路线，构建完善的氢能质量评估中心。依托国家级检验检测集聚区等平台，建设面向氢能全产业链的检验认证基地，从氢能储运装环节着手补全短板，建立国际领先的氢能质量检测认证中心[15]。

3. 推进氢能安全制度建设

相关部门须加强氢能产业安全发展规则体系建设，制定完善氢气安全使用、储存及消防安全技术规范，促进氢能产业的安全发展。

4. 降低加氢站建设成本

在加氢站建设方面，国内现行文件鼓励建站首选油氢合建模式，或在现有加油站中增建氢装置，这样不仅能节省土地费用，也能规避加氢站的规划报建成本，以及站内设备及设计、施工等费用[16]。我国加氢站核心设备依赖进口，而各加氢站规模和配置不同导致其配套设备不能实现规模化和批量生产。因此，加大研发投入、采用更为成熟的设计方案和更标准的配套设施,可极大地提升生产效率,从而降低设备成本。

同时,还要优化加氢站设施。国际上,部分发达国家在加氢站技术开发方面起步较早,90%以上的加氢站具有70 MPa加氢能力,部分储存液氢的加氢站每日加氢量超2000 kg,加氢站运行技术成熟,支撑氢能基础设施良好发展。在国内,我国采用35 MPa的Ⅲ型瓶用于车载储氢,氢能补充以20 MPa的高压管束形式为主,液氢加氢站较少,加氢站内制氢能力差,因此目前大部分加氢站为外供氢状态。随着燃料电池汽车的规模化应用,加氢站设施仍需不断优化,以推动氢能产业良性发展。

优化加氢站设施,应围绕加氢站设备成本、可靠性、运行能耗三个关键指标来进行,重点研发加氢核心零部件、液氢加注技术、加氢安全技术[17]。

(二)推进氢能产业多元化试点示范

随着氢能产业的蓬勃发展,为解决发展中遇到的诸多问题,需加速形成具有竞争力的生产体系,建设良好的产业生态。经济效益仍然是行业发展中最重要的问题,只有不断推进氢能产业多元化发展,才能够拉动氢能发展需求。各地要结合氢能产业发展阶段、经济成本、技术水平等情况,针对产业发展痛点、难点,开展试点示范,以示范带动技术提升和成本下降。示范类型具体可分为两类,一类可根据产业链的关键薄弱环节、技术难点问题开展专项示范,另一类可以氢能应用为牵引的综合示范,基于工业、交通等不同应用场景的减碳需求,发挥氢能作为用能终端低碳转型载体的作用。目前,燃料电池运营成本依然过高,散热、系统寿命与大容量储氢等关键技术问题尚未得到解决,因此氢能产业应用仍需大力推进,寻求更加多元化的应用方式,持续鼓励储能、交通、发电、工业等领域推进试点应用,并探索在航海、无人机、机械、交通等各相关领域的应用示范。要以场景为重要导向,构建示范典型。要秉承"稳慎应用,示范先行"的理念,推动氢能发展全产业链相对完善的成熟企业开展氢能应用,形成良好的示范效应。坚持交通用能和工业用能两手抓,聚焦于氢能电池在能源汽车中的应用,并在储运、交通、发电、工业等领域尝试积极应用,因地制宜拓展氢能应用场景。

一是在储能方面的应用。通过氢能储能,鼓励氢能在新能源储存能力方面的应用试点,在负荷高峰期发电并网,形成"风光发电+氢储能"一体化应用体系,加快构建飞轮储能、抽水蓄能、氢储能等多种储能技术相互交融的多元化储能体系,并逐步加强氢储存在跨季调峰方面的应用。

二是在交通领域的应用。顺应新能源交通的热潮,加快开展氢能在交通方面的应用。在交通领域,聚焦于氢燃料电池在重型车辆中的应用,打造重要的氢燃料电池及汽车产业制造高地、核心技术创新区和示范应用基地。特别是在冷链运输等耗能较大的车辆上面,氢燃料电池具有较大的能源优势。氢燃料电池汽车能够有效解决传统汽车在低温环境下适应性差、充能速率慢的问题,并能够大幅度提高营运效率。在航空业发展逐渐成为焦点的情况下,航空领域已经成为交通领域脱碳的重点对象,氢能将是航天领域实现碳减排的关键,也要加强大型航空器方面的研发应用。

三是在发电领域的应用。燃料电池是通过电化学反应将氢能转换为电能的装置,氢电转换效率高,要促进氢燃料电池在后备生产领域的市场投放,在周边地区进行能源密集型燃料电池分布式生产示范。

四是在工业领域的应用。扩大化学工业中清洁和低碳能源替代品的应用范围;开发并积极实施以氢气为还原剂的氢气冶金技术;推动在工业生产中使用氢气作为高质量热源;扩大氢作为化石燃料替代品在工业中的应用规模,助力合成氨、合成甲醇、炼化、煤制油气等行业由高碳工艺向低碳工艺转变,促进高耗能行业绿色低碳发展。

本章主要参考文献

[1] 中华人民共和国国务院新闻办公室.新时代的中国能源发展[N].人民日报,2020-12-22(12).

[2] 唐仁敏.系统谋划和整体推进我国氢能产业高质量发展[J].中国经贸导刊,2022(4):16-22.

[3] 佚名.国家发改委发布《氢能产业发展中长期规划(2021—2035年)》[J].稀土信息,2022(4):26-32.

[4] 肖坚,康红叶.运用价格杠杆推动氢能产业发展的研究[J].老区建设.2021(8):35-40.

[5] 孟翔宇,陈铭韵,顾阿伦,等."双碳"目标下中国氢能发展战略[J].天然气工业,2022,42(4):156-179.

[6] 景春梅,陈妍.综合施策解决我国氢能产业发展痛点问题[J].全球化,2023(1):96-103+136.

[7] 陈锋."双碳"目标下福建省氢能产业发展路径及对策[J].三明学院学报,2022,39(6):18-25.

[8] 吉力强,赵英朋,王凡,等.氢能技术现状及其在储能发电领域的应用[J].金属功能材料,2019,26(6):23-31.

[9] 海琴,李塔娜.以氢能产业高质量发展助力能源基地建设[J].北方经济,2023(4):25-28.

[10] 王新.氢能燃料电池的成本分析与效益研究[J].储能科学与技术,2023,12(6):2040-2041.

[11] 孔德洋,唐闻翀,柳文灿,等.燃料电池汽车能耗、排放与经济性评估[J].同济大学学报(自然科学版),2018,46(4):498-503+523.

[12] 代春艳,雷亦婷.氢燃料电池汽车技术、经济、环境研究现状及展望[J].中国能源,2020,42(6):25-31.

[13] 苏瑞峰.新形势下福建氢能产业发展研究[J].发展研究,2022,39(8):68-76.

[14] 王振华,薛方明.能源企业如何布局氢能产业链?[J].能源,2021(7):23-27.

[15] 罗滢渊,孙俊聪,杨旋,等.武汉市加快发展氢能产业的对策建议[J].中国工程咨询,2022(6):46-49.

[16] 汪抒亚.加氢站开发成本分析与优化:以燃料电池汽车示范城市为例[J].石油石化绿色低碳,2022,7(1):61-64.

[17] 熊亚林,许壮,王雪颖,等.我国加氢基础设施关键技术及发展趋势分析[J].储能科学与技术,2022,11(10):3391-3400.

后 记

在碳减排与能源危机背景下,发展氢能产业具有重要的现实意义。在能源转型、经济增长、脱碳发展驱动下,全球氢能发展呈加速态势,氢能已成为国际议程新焦点,全球多个国家已制定和发布国家氢能产业发展战略和措施。

党的二十大报告指出,要积极稳妥推进碳达峰、碳中和,立足我国能源资源禀赋,坚持先立后破,有计划分步骤实施碳达峰行动,深入推进能源革命,加强煤炭清洁高效利用,加快规划建设新型能源体系,积极参与应对气候变化全球治理。报告进一步指出,"中国式现代化是人与自然和谐共生的现代化"。能源是人类生产生活必需的基础物质资料,既是国民经济和社会发展的基础,也是国家经济发展的重要战略物资。当前,能源问题是国际政治、经济、环保等诸多领域的一个核心和焦点问题,借鉴国际经验发展中国氢能产业迫在眉睫。我国氢能产业发展态势良好,未来要进一步培育氢经济发展新动能,不断提升氢能产业竞争力。

在2022年湖北省政府智力成果采购委托研究项目(2022ZLCG-WT-02)"湖北抢占氢能产业制高点的战略目标与路径选择"的支持下,课题组对国际国内氢能产业发展战略和态势进行了分析。课题负责人为王焰新,成员有邓宏兵、余尚蔚、郝义国、易杏花、倪琳、何博、段晚儿、汪婷、梅梦、王笑笑、洪宸、向雅芳、张元铃、程亚男、李骁、金真宇。《氢能产业发展研究》系课题研究前期成果之一。